WENDY SYFRET
Der fröhliche Nihilist

Buch

Seit jeher suchen wir Menschen in unserem Dasein eine Bedeutung, doch gegenwärtig erleben wir einen regelrechten Sinnsucher-Boom, der in alle Lebensbereiche hineinwirkt und uns die Leichtigkeit raubt. Vom morgendlichen Kaffee bis zum Wochenendausflug wird jedes Ereignis optimiert – und das, obwohl es unterm Strich unerheblich ist, wie wir unseren Trendkaffee brühen oder ob wir lieber lesen statt Sport zu treiben. Wendy Syfret plädiert für eine nihilistische Geisteshaltung, die den Kult des Sinns ablehnt und unsere relative Bedeutungslosigkeit im Universum als positive Realität akzeptiert. Denn wenn das Leben keinen Sinn hat, können wir auch einfach glücklich und gut zueinander sein, oder?

Autorin

Wendy Syfret schreibt für Online- und Print-Magazine wie *The Guardian*, *VICE* und *i-D* über Kultur, Gesellschaft und Lifestyle. Sie lebt und arbeitet in Melbourne, Australien.

WENDY SYFRET

DER FRÖHLICHE NIHILIST

Warum unser Leben keinen Sinn hat und weshalb das ein Grund zur Freude ist

Aus dem Englischen
von Nikolaus de Palézieux

GOLDMANN

Die englische Originalausgabe erschien 2021 unter dem Titel
»The Sunny Nihilist« bei Souvenir Press, London.

Wir haben uns bemüht, alle Rechteinhaber ausfindig zu machen, verlagsüblich
zu nennen und zu honorieren. Sollte uns dies im Einzelfall aufgrund der schlechten
Quellenlage bedauerlicherweise einmal nicht möglich gewesen sein, werden wir
begründete Ansprüche selbstverständlich erfüllen.

Sollte diese Publikation Links auf Webseiten Dritter enthalten,
so übernehmen wir für deren Inhalte keine Haftung,
da wir uns diese nicht zu eigen machen, sondern lediglich
auf deren Stand zum Zeitpunkt der Erstveröffentlichung verweisen.

Penguin Random House Verlagsgruppe FSC® N001967

1. Auflage
Deutsche Erstausgabe Juli 2022
Copyright © 2021 der Originalausgabe: Wendy Syfret
Copyright © 2022 der deutschsprachigen Ausgabe: Wilhelm Goldmann Verlag,
München, in der Penguin Random House Verlagsgruppe GmbH,
Neumarkter Str. 28, 81673 München
Umschlag: Uno Werbeagentur, München
Umschlagmotiv: FinePic®, München
Redaktion: Andrea Kalbe
Satz: Satzwerk Huber, Germering
Druck und Bindung: GGP Media GmbH, Pößneck
Printed in Germany
EB · IH
ISBN 978-3-442-17917-6

Inhalt

Einführung	7
Kapitel 1 Nihilismus im 21. Jahrhundert	27
Kapitel 2 Die Falle der sinnvollen Arbeit	73
Kapitel 3 Die fröhliche Nihilistin ist verliebt	103
Kapitel 4 Leben nach Gott	129
Kapitel 5 Nihilismus auf Abwegen	159
Kapitel 6 Wie man zum fröhlichen Nihilisten wird	185
Kapitel 7 Das Vergnügen an der Sinnlosigkeit	217
Weiterführende Lektüre	227
Dank	231

Einführung

Am Ende meiner Straße in Melbourne steht die Reklametafel eines Geschäfts, das, soweit ich weiß, Zutaten für die Kerzenherstellung verkauft. Jeden Morgen wird sie mit einer neuen Binsenweisheit versehen, die die Betrachter motivieren soll – »Warum den Berg tragen, wenn man ihn besteigen kann?«, »Nimm nicht die ganze Treppe in Augenschein, tu einfach den ersten Schritt«, »Sei der Held deiner eigenen Geschichte«. Einmal riet sie den Vorbeigehenden: »Tun Sie etwas Großes!« Vor ein paar Jahren wies diese Reklametafel noch auf Rabatte und Öffnungszeiten hin und gab die üblichen Infos zu Kerzen. Aber irgendwann hat jemand beschlossen, dass diese altbackene Praxis eine Verschwendung von kostbarem Platz sei. Die Tafel musste nun einem sinnvolleren Zweck dienen. Jetzt wird man ständig gefragt, ob heute der Tag ist, an dem man sein Leben ändern wird. Der Verkauf von Zutaten für die Kerzenherstellung ist zweitrangig geworden. Der Sinn selbst ist jetzt das Produkt.

Mit diesem Perspektivwechsel steht das Geschäft nicht allein da. In den letzten Jahren hat sich die Sinnsuche von einer

Einführung

privaten Beschäftigung in eine äußerst marktfähige Aktion gewandelt. Das Versprechen von und die Suche nach Sinn ist heute in fast jeden Bereich unseres Lebens eingedrungen. Ein Produkt, eine Dienstleistung oder ein Erlebnis werden nicht mehr nur danach beurteilt, ob sie »gut« oder »schlecht«, sondern ob sie auf irgendeine abstrakte Weise »sinnvoll« sind.

Vielleicht sind Sie keiner Reklametafel ausgesetzt, sondern eher einer Podcast-Werbung. Und zwar von der Art, die zwei Minuten lang etwas über Gemeinschaft, Erinnerung, Nostalgie und Werte erzählt, ehe sie offenbart, dass es eigentlich um Hypothekenversicherungen geht. Oder um eine Babynahrungsmarke, wobei suggeriert wird, dass der Kauf ihres vorverpackten, massenhaft vermarkteten Gemüsebreis ein aufrüttelndes Statement zur Klimakrise darstellt.

Als der Kerzenladen anfing, mit seinem Rebranding zu experimentieren, arbeitete ich im Bereich digitaler Medien in einem Unternehmen, in dem sich der Sinn-Boom bereits sehr deutlich abzeichnete. Eines Tages nahm ich an einem Meeting mit einigen sehr klugen Werbetextern teil, die darüber nachdachten, wie man einer beliebten, leckeren, aber völlig nichtssagenden Eiscreme-Marke eine Bedeutung verleihen könnte. Die Überlegung ging dahin, dass der Verbraucher, wenn er das Gefühl hätte, dieses Eis sei mehr als nur ein Eis und tatsächlich mit einem lebensverändernden sozialen oder kulturellen Wert verbunden, sechs Dollar dafür ausgeben würde.

Wir stellten ein paar Gedankenspiele an: Vielleicht könnten die Leute bestimmte persönliche Momente teilen, die mit die-

Einführung

sem leckeren Snack zu tun haben? Oder wir könnten Influencer bitten, dieses Produkt mit ihren Wellness-Gewohnheiten in Verbindung zu bringen. Nach mehr als einer Stunde Brainstorming mit immer hochtrabenderen und edleren Gründen, warum man diese rekonstituierte Magermilch am Stiel nicht nur zu kaufen, sondern auch wirklich erleben sollte, unterbrach einer meiner Mitarbeiter die Sitzung und meinte: »Es ist doch nur Eiscreme! Lasst es also doch nur Eiscreme sein! Hört auf, aus allem ein Riesending zu machen!«

Sein Vorschlag wurde nicht befolgt. Das Eis setzte, wie auch die Reklametafel, seine Reise auf der Suche nach Bedeutung fort. Aber seitdem frage ich mich jedes Mal, wenn ich mit übermäßig ernstem Marketing konfrontiert werde: »Warum *muss* alles ein Ding sein? Warum *kann* Eis nicht einfach nur Eis sein?«

Diese Tendenz, jeden Teil des Lebens mit Sinn zu versehen, ist allerdings nicht wirklich neu. Schon als Kind wurde mir eingebläut, dass es wichtig ist, von allem die Bedeutung zu erfassen. In der Sonntagsschule wurden die Bibelgeschichten und das Basteln von Krepp-Papier-Kreuzen regelmäßig von ernst blickenden Erwachsenen unterbrochen, die sich vorbeugten und fragten: »Was bedeutet deiner Meinung nach die Mission von Jesus für die Menschheit? Warum sind wir alle hier?« Ich blickte ausdruckslos zurück und antwortete mit einer abgedroschenen Phrase wie: »Vielleicht um nett zu sein?«

Als ich nach Hause kam, wurde ich weiterhin mit Sinn konfrontiert. Zwischen Furzwitzen und Geschwisterstreichen

Einführung

sinnierten Filme wie *Arthur* über Identität, *Rockos modernes Leben* stellte die Banalität des Vorstadtkapitalismus infrage, *Hey Arnold!* widmete sich der Prägung durch ein Familientrauma, und sogar *Rugrats* – eine Serie über die Heldentaten von Babys – setzte sich mit der Unendlichkeit des Todes auseinander. Die *Simpsons* machten die Auseinandersetzung mit der Existenz gleich zu einem Nebenplot.

Ob von einem ehrenamtlichen Religionsanhänger verkündet oder in beruhigendes orangefarbenes Nickelodeon-Licht getaucht: Die Aussage dahinter war jeweils klar. Der einzige Weg, das Leben voll und ganz zu genießen und zu verstehen, bestand darin, in jedem freien Moment über seinen Sinn nachzudenken.

Soweit ich die Sache beurteilen konnte, schien meine bloße Existenz schon ziemlich ungeheuerlich zu sein. Die Tatsache, dass meine Eltern beschlossen hatten, an irgendeinem Tag im Jahr 1987 Sex zu haben, und zwar genau zu dem Zeitpunkt, an dem das Sperma und die Eizelle, aus denen ich entstanden bin, besonders energiegeladen waren, ermöglichte es mir, in der Empfängnis-Lotterie zu gewinnen, und das schien bereits für sich bedeutsam zu sein. Hinzu kamen das Glück, die Geburt zu überleben, sowie die fast zehn Jahre, die darauf folgten. Ich wusste nicht recht, warum jemand die Dinge noch weiter verkomplizieren musste – meine bloße Anwesenheit schien schon kompliziert und wundersam genug.

Aber trotz des beeindruckenden Chaos, das uns umgab, schienen Eltern, Lehrer und Fernsehbabys alle schockiert von der Vorstellung zu sein, dass ich einem einzigen bedeutungslosen Moment ausgesetzt sein könnte. Die Ironie bei der ganzen Sache war, dass trotz ihres Beharrens auf dem Gegenteil für mich die Sinnlosigkeit des Lebens zentral und eben dadurch reizvoll zu sein schien.

Wenn ich nicht schlafen konnte oder mich ängstlich und niedergeschlagen fühlte, dachte ich über die vielen einzelnen Momente in der Menschheitsgeschichte nach, die aufeinander folgen mussten, damit ich überhaupt auftauchen konnte. Ich stellte mir eine unüberschaubare Masse gewaltiger Einzigartigkeiten vor, ein Gewirr aus Materie, Energie, Raum, Gravitation, Quarks, Protonen und Neutronen, die in den letzten vermutlich dreizehn Milliarden Jahren ganze Epochen und Ökosysteme ausgebildet haben. Und ich versuchte, mir vor Augen zu führen, wie all die Gehirne wuchsen, all die Zähne sich abnutzten, all die Wirbelsäulen sich aufrichteten, um eine Reihe gesichtsloser Vorfahren zu bilden, die sich vom Pleistozän bis zu mir erstreckten. Ich war ein nervöses Kind und neigte zu Toilettensitzungen in der Schule, in denen ich still meine Tränen vergoss, aber dieses wirre Durcheinander von kaum verstandener Wissenschaft und Geschichte wurde zu meiner Zuflucht. Dadurch empfand ich mich und meine Probleme als sehr klein. Ich verstand, dass inmitten des Gewirrs dieses irren Durcheinanders nichts, was ich tat oder auch nicht tat, jemals wirklich von Bedeutung sein würde. Mit dieser Bestätigung verließ ich das stille Örtchen und fühlte mich erleichtert; ich wusste,

Einführung

dass mein Leben wertlos war. Dennoch hatte ich das Glück, es geschenkt bekommen zu haben.

Heute gebe ich zu, dass trotz dieser festen Überzeugungen in meiner Jugend die Sinnsuche natürlich nicht per se etwas Schlechtes ist. Sie hat schließlich die Zivilisation vorangetrieben. Liebende gestehen sich gegenseitig, dass ihr Leben vor ihrer schicksalhaften Begegnung sinnlos war. Kampfmüde Helden werden in Zeiten kräftezehrender Krisen vom Sinn angetrieben. Verbrecher, die zur Strecke gebracht wurden, fragen nach dem Sinn ihres Lebens und sehen plötzlich ihre tiefdunklen Herzen erhellt. Grundlegende Begriffe von Gemeinschaft, Ethik, Logik, Moral, von Bewusstsein und Gleichheit entstanden aus der Untersuchung dieser Sinnfrage. Der Drang, mit dem Sinn zu ringen, hat im Bereich von Kunst, Literatur und Film zu unzähligen Werken inspiriert. Und meistens sind wir dadurch ja auch zu besseren Menschen geworden.

Sinn tröstet uns vielleicht mehr als alles andere. In seinem 1946 erschienenen Buch *... trotzdem Ja zum Leben sagen* liefert der jüdische Psychiater und Neurologe Viktor Frankl das vielleicht bewegendste Argument für den Wert von Sinn. Frankl, seine erste Frau und seine Eltern waren während des Zweiten Weltkriegs in Konzentrationslagern der Nazis interniert. Während dieser Zeit kam er zu dem Schluss, dass ein Gefühl für Sinn und Zweck ihm helfen würde, seinen Verstand zu bewahren und schließlich zu überleben. Wie der deutsche Philosoph Friedrich Nietzsche (mehr über ihn später), den Frankl oft zitierte, in seinem Werk *Götzen-Dämmerung* schreibt: »Hat man sein warum? des Lebens, so verträgt man sich fast mit jedem wie?«

In Anbetracht dessen würde ich behaupten, dass Bedeutung dann am wertvollsten ist, wenn sie als Endpunkt gesehen wird – als Licht am Horizont, das uns in Zeiten der Krise oder des Zweifels leitet und Orientierung bietet. Auch wenn es keinen endgültigen Lohn, keine Antwort oder ein transzendentes Nirwana gibt, bleibt die fortwährende Erforschung dessen, was wir alle hier (und miteinander) tun, ein ehrenwertes Unterfangen. Nur wenige Menschen halten eine Zeit tiefer, ehrlicher, einsamer Kontemplation bis zum Ende aus und denken dann: *Na, das war ja wohl eher eine Verschwendung eines ganzen Jahrzehnts.*

Probleme entstehen dann, wenn die Verheißungen und Erwartungen, die mit der Bedeutung verbunden sind, schließlich das Konzept von Bedeutung verdrängen. Ich würde behaupten, dass wir uns (was auch für unsere Eiscreme gilt) heute genau an diesem Punkt befinden. Irgendwann begann diese edle, zutiefst persönliche und vielleicht lebenslange Suche sich immer drängender anzufühlen und zu einer Ware zu werden. Die Suche nach Sinn hat sich von einer epischen Reise zu einer Schnitzeljagd entwickelt. Es reicht nicht mehr aus, Sinn in der Liebe, der Familie, der Arbeit oder der Religion zu suchen (obwohl, Achtung, diese Bereiche ihre eigenen Fallen bergen). Jetzt werden wir dazu aufgefordert, in allem, was wir tun, einen Sinn zu finden. Vom morgendlichen Kaffee bis zur Wäsche am Wochenende muss jedes Ereignis oder jede Aufgabe optimiert und zu einer klaren Aussage über die Existenz erhoben werden.

Wir wachen auf und pushen Benachrichtigungen von Horoskop-Apps, die uns eine kosmische Botschaft vermitteln, bevor wir überhaupt eine Chance haben, unseren Wecker auszuschalten. Tägliche Newsletter überschwemmen unsere Postfächer und schreiben uns endlose Aufgaben und Ziele vor, über die wir meditieren und sie als erledigt markieren sollen. Unter der Dusche hören wir Podcasts darüber, wie wir den Tag sinnvoll gestalten können, dann trocknen wir uns ab und schreiben nieder, was wir am Vortag sinnvollerweise erreicht haben. Wenn wir Sport treiben – eine ehemals (und erfreulicherweise) geistlose Beschäftigung –, rufen wir Playlists auf raffinierten Apps auf, die unsere Einsamkeit mit einer Stimme unterbrechen, die uns erklärt, was dieser Kalorienexorzismus *wirklich* bedeutet. Und wie wir uns mit jedem Schritt neu erschaffen und auf ein neues Leben zusteuern, das nur noch 2,5 Kilometer entfernt ist.

Ich würde gern dazu anmerken, dass meine philosophischen Erleuchtungen vom Umfang eines Happy Meals mich von all dem abgehalten haben. Zumindest eine Zeit lang hielt mein Glaube an die Bedeutungslosigkeit an – und ruinierte dabei viele Sonntagsschulklassen, Philosophievorlesungen und Gespräche mit Kiffern. Wann immer ich mich selbst bemitleidete oder verloren fühlte, kehrte ich zu der wirbelnden Masse zufälliger Ereignisse zurück, die zu meiner Geburt geführt hatten, und dachte, na ja, wenigstens hat das alles funktioniert. Meine Kleinheit, in der Welt wie auch in meiner eigenen Vorstellung, gewährte mir ein seltsames Gefühl von Frieden. Aber wie sich herausstellte, kann nicht einmal eine lebenslange Anhängerin der Sinnlosigkeit die tödliche und dekadente Falle der Bedeutung völlig vermeiden.

Meine Verstrickung in den steigenden kommerziellen Wert von Bedeutung entwickelte sich vom Zustand der Verwirrung hin zur regelrechten Vergiftung, als ich in den 2010ern im digitalen Medienjob arbeitete. Journalismus ist hart und teuer, und leider werden die am gründlichsten durchdachten, gut recherchierten und eigentlich sinnvollen Inhalte oft nicht gelesen. Es ist eine schmerzhafte Realität für Redakteure und Autoren, die hin- und hergerissen sind zwischen ihrem Engagement für das öffentliche Wohl und den Managern, die über ihnen sitzen und fragen, ob irgendetwas in dieser Woche »viral gehen« wird. Doch wie sich herausstellt, gibt es eine einfache Lösung, die in unserem Gehirn bereits verankert ist: den vorhin erwähnten Wunsch nach Erleuchtung und Sinnhaftigkeit.

Der Wunsch, verstehen zu wollen, was das alles eigentlich *bedeutet*, ist menschlich. Und er beinhaltet auch eine Menge Arbeit. In der Vergangenheit widmeten Schriftsteller und Philosophen ihr Leben der Beantwortung der großen Lebensfragen. Henry David Thoreau lebte jahrelang und meist allein in den Wäldern, während er *Walden* schrieb, seine Kritik am Verhältnis des Westens zum Materialismus und an der Zer-

Einführung

störung der Natur. Epikur gründete die »Schule des Gartens« (Kepos), im wahren Wortsinne eine Mikro-Gesellschaft, in der seine Anhänger zusammenlebten, um Glück zu verstehen und zu erreichen. Redakteure haben nicht so viel Zeit. Aber wenn Sie herausfinden können, wie Sie das wertvolle Gefühl der Introspektion und Belohnung durch eine, sagen wir, vierminütige Lektüre mit einer guten Strategie über Instagram anbieten können, ist das eine viel einfachere und zudem wirtschaftlichere Angelegenheit.

Das ist einer der Gründe, warum Sie vermutlich in den letzten zehn Jahren beobachtet haben, wie die grenzenlose Weite des digitalen Raums im Internet von Selbstbefriedigungs-Ich-Erzählungen überschwemmt wurde, die gleichsam blind jedem Tier, Gemüse und Mineral im Umkreis von zwanzig Metern um den Schreibtisch eines Autors eine Bedeutung zuweisen. Kürzlich schickte mir ein Freund einen Artikel darüber, was »Sitzen« wirklich bedeutet. Ehe ich ärgerlich antworten konnte, erinnerte ich mich daran, dass ich selbst öde Analysen über so bereichernde Themen wie Ausrufezeichen, die jeweiligen sozialen Auswirkungen von Brausegetränken und die Aussage von Skeet Ulrichs Instagram-Posts bezüglich generationsübergreifender Internetnutzung verfasst habe.

Diese Mikro-Untersuchungen sorgen für Klicks, Zuschauerwachstum, Anzeigenverkäufe und Social Shares. So fanden sie ihren Weg auf das intellektuelle Fließband, und frühere Bedeutungserforschungen, die einst Jahre dauerten, wurden

Einführung

durch Hot Takes von 800 Wörtern ersetzt, die abgeschickt werden mussten, bevor der Newsletter zur Mittagszeit rausging.

Bis heute kann ich eine halb tote Topfpflanze betrachten und behaupten, dass sie ein Statement zur Post-Internet-Moral darstellt, oder zu unserem Streben nach Frieden in einer städtischen Umgebung, oder zum Schrecken, der aufkommt, wenn man eine kultivierte Projektion von Adoleszenz aufgibt. Sicher, es ist keine Fähigkeit, die der Menschheit großen Nutzen bringt, aber es ist doch ein Überlebenstraining in einem System und einer Kultur, in der Bedeutung zu einer Form von Währung verändert wurde, aus der jeder gern Kapital schlagen möchte.

Unsere stärker werdende Liebe zu dieser plötzlichen Erleuchtung kann man leicht belächeln. Aber sie ist auch zutiefst verständlich. Obwohl ich seit meiner Geburt zögere, die Dinge zu ernst zu nehmen, gibt es dennoch keinen Zweifel daran, dass einige Dinge durchaus und tiefgründig infrage gestellt werden sollten. Nur weil es nicht wichtig ist, welches gefrorene Edeldessert man wählt, heißt das noch lange nicht, dass auch alles andere unwichtig ist. Wie Frankl gezeigt hat, kann der Sinn uns die Fähigkeit verleihen, Schmerz und die Verwirrung des Lebens ein wenig erträglicher zu machen.

Ich schrieb dieses Buch, als 2020 überall auf der Welt die Black-Lives-Matter-Proteste aufkamen und die Themen Hautfarbe, Gewalt und Macht in einem Ausmaß an Aktualität gewannen

Einführung

und verbreitet wurden, welches die meisten von uns noch nie erlebt hatten. Wir alle, jede Plattform, jedes Unternehmen waren (manche mehr als andere) besessen von dem Versuch, nicht nur die Nachrichten zu verstehen, sondern auch, wie diese Ereignisse alle Aspekte des öffentlichen und privaten Lebens prägten und beeinflussten. Es war eine Zeit, in der es sehr wichtig war, den Sinn hinter allen Dingen zu betrachten: Welche Systeme haben zu dem Leben beigetragen, das ich führe? Wie wurde mir geholfen, während andere behindert wurden? Wie tragen meine täglichen Entscheidungen, kleine und große, zur Gesundheit und Sicherheit von Menschen bei, denen ich vielleicht nie begegne?

Diese Art der Selbstbefragung lohnt sich, sie hat die Fähigkeit, einen Wandel anzustoßen, und zudem ein enormes Potenzial, Gutes zu bewirken. Sie ist aber auch sehr anstrengend und oft schmerzhaft. Sie schreibt die Geschichte neu und erschüttert unser eigenes Verständnis von Moral, Fairness und Wert. Das ist der Grund, warum die meisten von uns außerhalb der weltverändernden Neuigkeiten, die die sozialen und traditionellen Medien dominieren und unsere Aufmerksamkeit fordern, diese Selbstbefragung vermeiden. Stattdessen bevorzugen wir eine einfachere Form der Bewertung, eine, die sich um das dreht, was uns am vertrautesten ist – wir selbst.

Der Versuch, sehr sinnlosen Bereichen unseres Lebens einen extremen Wert zuzuweisen, fühlt sich anfangs großartig an. Der zweite Wohlfühlmoment kommt dann, wenn

Einführung

Sie etwa einen persönlichen Standpunkt gegen frauenfeindliche Schönheitsstandards einnehmen. Ein schmeichelhaftes Foto von sich auf Instagram zu posten ist ein Akt der Selbstermächtigung. Länger zu schlafen ist geradezu ein Affront gegen die kapitalistische Kultur. Das sechste Glas Wein und ein möglicher Kater sind ein Zeichen der Verachtung des Produktivitätskults. Überhaupt nichts zu tun kann sich schnell sehr bedeutend anfühlen. Aber wenn man zu viel Zeit in diesem Bereich verbringt, beginnen die Dinge sich allmählich zu verzerren: Belanglose Beschwerden werden zu lebensverändernden Vorgängen; wir dehnen uns innerlich aus und nehmen einen Raum in unserem eigenen Gehirn ein, den wir wahrscheinlich gar nicht verdient haben.

Mit der Zeit werden an sich harmlose Konzepte wie Sinn und Zweck nachteilig, da all das zwanghafte Nachdenken, Fixieren und Studieren unseres eigenen Verstandes und Lebens dennoch keine Erleichterung oder Klarheit bringt. Tatsächlich fühlen sich viele von uns dadurch bald sogar schlechter.

In meinem eigenen Leben merkte ich allmählich, dass sich die Dinge im Kreis zu drehen begannen, als ich meine meditative Kindheits-Hingabe an die Sinnlosigkeit aufgab und mich an der hedonistischen Anbetung des Zwecks beteiligte. Aufgrund von Meditations-Apps, die mir sagten, heute sei *der* Tag schlechthin, Podcast-Moderatoren, die mir versicherten, ich sei *die* Richtige, und dieser lästigen Reklametafel, die mir versprach, genau dies sei *der* Moment, begann ich, meine Welt aus einer neuen, verzerrten Perspektive zu betrachten.

Einführung

Als Sinn und Bedeutung immer mehr zu meiner Richtschnur wurden, nutzte ich sie und ordnete sie Bereichen meines Lebens zu, an die ich bis vor ein paar Jahren kaum einen Gedanken verschwendet hätte. Alles, dem ich nicht sofort einen Sinn zuordnen konnte, galt als Zeit- und Energieverschwendung. Ich war besessen davon, in allem, was ich tat, einen Grund zu finden – ich machte mir Gedanken darüber, wie ich meine Zeit verbrachte, und fühlte mich schuldig, wenn ich nicht ständig in eine »sinnvolle« Beschäftigung eingebunden war.

In vielerlei Hinsicht lief mein Leben in dieser Zeit ziemlich gut. Ich hatte einen »coolen Job«, über den ich auf Partys gerne ausgefragt wurde, einen netten Partner, eine hübsche Wohnung und genug Geld, um eine Vorliebe für trüben Wein zu entwickeln, der nach Sand schmeckte. Aber anstatt durchzuatmen, mich umzuschauen und zu überlegen, wie angenehm das alles war, wurde ich geradezu davon verzehrt, was das alles *bedeutete*.

Das Wichtige am Sinn ist, dass er dann am wertvollsten ist, wenn er kaum vorhanden ist und am besten gleichsam in einem Meer der Sinnlosigkeit serviert wird. In der Vergangenheit haben Sie vielleicht gehofft, durchaus über eine Handvoll sinnvoller Dinge in Ihrem Leben zu verfügen: einen Partner, ein Hobby, ein soziales Anliegen, sogar einen Job. Das alles nimmt viel Zeit in Anspruch, ist dabei aber von anderen, nicht bedeutungsvollen (und daher weniger beanspruchenden) Bereichen umgeben. Nehmen Sie Abstand

Einführung

vom Gedanken der Sinnlosigkeit, baut sich sofort Druck auf. Man fragt sich ständig: Was ist der Sinn, das Ziel, der Nutzen, das Endziel von all dem? Was trägt es zu meinem Leben, meinem Wesen, meiner Identität bei? Wenn diese Fragen nicht beantwortet werden können, kann jede Handlung (wie angenehm sie auch sein mag) sich sehr schnell wie reine Zeitverschwendung anfühlen.

Diese Erfahrung machte ich nicht nur für mich. Bei der Arbeit bemerkte ich, dass meine Leistung nicht mehr nach Erledigung und der Qualität der Aufgaben beurteilt, sondern vielmehr an einem existenziellen Rahmen gemessen wurde – daran, was das alles »bedeutete«. Die meiste Zeit kümmerte sich niemand darum, ob die Arbeit tatsächlich wertvoll war oder die Welt besser machte, sondern eher darum, ob sie in das zufällige Narrativ vom Zweck passte, in das wir alle hineingeschlittert waren.

Die Sprache derjenigen, die mit Sinn und Zweck schnell bei der Hand sind, ist auffallend biegsam: Sie kann über eine Eiscreme-Werbung, eine Reklametafel oder auch einen Chef vermittelt werden. Alle stehen dahinter und glauben, dass es um die eigene Person geht, weil es in Wahrheit um nichts und niemanden geht.

Das Ganze verschlingt riesige Mengen unserer Zeit und Aufmerksamkeit, bietet aber nicht mehr als das flüchtige Gefühl, dass wir etwas Sinnvolles tun. Das Problem ist, wenn man erst einmal anfängt, an all das zu glauben, ist es schwer, damit aufzuhören.

Einführung

Als die Angst sich in mir immer deutlicher meldete, fing ich erneut an, leise in Toilettenkabinen zu weinen. Als Kind in einer Kabine eingesperrt tröstete ich mich mit dem Gedanken, dass meine Probleme (und ich) nicht wirklich wichtig wären. Mich mit meiner eigenen Bedeutungslosigkeit auseinanderzusetzen war ein Trost. Jetzt aber war ich überwältigt von der offensichtlichen, wenn auch völlig unerklärlichen Wichtigkeit jeder einzelnen Handlung. Manchmal starrte ich mit ausdruckslosen Augen in den Spiegel und sagte mir: »Das ist nicht die ganze Welt, das ist nicht die ganze Welt«, immer und immer wieder, als wäre es eine Beschwörung, die mich aufrechterhalten sollte. Der Sinn hatte meinen Geist nicht erweitert, sondern vielmehr zu einer derartig vollständigen Selbstbesessenheit geführt, dass ich mich buchstäblich daran erinnern musste, dass ich nicht der physische Mittelpunkt des Universums war.

Ich versuchte, mit anderen Menschen über dieses ins Gegenteil verkehrte existenzielle Grauen zu sprechen. Und obwohl wir es nicht immer erklären konnten, gab es eine Menge von uns, die sich mit dem gleichen Wirrwarr von Zweck, Schmerz, Stress und schnell wirkender Sinnerfüllung plagten. Das ließ uns körperlich starr werden, was zu einem schleichenden Gefühl der Unzufriedenheit, Enttäuschung und Verdrängung führte. Aber über dieses Gefühl zu reden, das sich immer stärker bemerkbar machte, darüber zu lesen und nachzuforschen führte nur immer wieder zu demselben Ratschlag zurück: Um uns ganz zu fühlen, mussten wir einfach weiter nach dem schwer fassbaren Punkt in unserem Leben suchen. Sobald wir ihn gefunden hätten – durch eine Kombination aus Therapie, tiefem Atmen, gutem Licht, motivierenden Podcasts, importierten Lebensmitteln und Dehnübungen in feuchten Räumen –, würden wir uns leichter fühlen. Unser Leben würde mit dem Stempel »sinnvoll« versehen werden.

Offensichtlich ist dieser Punkt aber nie aufgetaucht. Das Einzige, was ich entdeckte, war, dass die Zähne knacken, wenn man den Kiefer stark genug zusammenpresst. Und als ich eines Abends von der Arbeit nach Hause ging, spitzten sich der ganze Druck, die Verwirrung, die Angst und die Erschöpfung schließlich zu. Ein paar Blocks von meinem Zuhause entfernt wurde mir plötzlich schwindlig. Die wachsende Spannung in mir schien mir letztlich den Atem zu nehmen. Ich krümmte mich und schnappte nach Luft, mein Herz raste, alles fühlte sich unendlich wichtig an. Es gab keinen stillen, sinnlosen Teil meines Lebens, den ich mir für einen kurzen Augenblick vorstellen konnte, um zu Atem zu kommen.

Dann traf es mich. Eine Erkenntnis setzte sich so deutlich durch, dass jemand anderer sich durchaus hätte fragen können, ob göttliche Intervention im Spiel war. »Wen kümmert's, eines Tages werde ich tot sein, und niemand wird sich mehr an mich erinnern.«

Sofort war ein Gefühl der Erleichterung zu spüren. Ich richtete mich auf, schaute in den Himmel und dachte: *Ich bin nur ein Stück Fleisch, das auf einem Felsen durch das All rast. Nutzlos und ohne Bedeutung.* Mein Brustkorb entspann-

Einführung

te sich, meine Lungen blähten sich auf, und zum ersten Mal seit Jahren lichtete sich der Nebel. Ich dachte an alles, worum ich mich sorgte, was mich belastete, weswegen ich nachts voller Sorgen wach lag, und erkannte es als das, was es war – als letztlich sinnlos. In hundert Jahren würde sich niemand mehr für meinen Job interessieren. Niemand würde sich einen Dreck um mich scheren.

Ich wurde sofort in mein achtjähriges Ich zurückversetzt, mein Geist war klar und mein Körper entspannt. Ich dachte an viel Materie, an die Milliarden von Jahren, die unerkennbaren Körper, die mich in diesen Raum getragen hatten, und daran, wie ich in der immer wieder anbrandenden Welle der Zeit und der Erinnerung weggespült werden würde. Ich stellte mir vor, dass vielleicht nur ein paar Leute pro Generation in Erinnerung bleiben. Und selbst dann vielleicht nur für ein paar hundert Jahre, wenn sie Glück haben. Irgendwann sind die größten Errungenschaften, die höchsten Geister, die bedeutendsten Momente vergessen. Und selbst wenn ich es irgendwie schaffen würde, etwas Nennenswertes zu erreichen, das für ein oder zwei Generationen im öffentlichen Bewusstsein verankert wäre, wäre ich nicht mehr da, um es zu genießen. »Eines Tages werde ich tot sein«, wiederholte ich und lächelte, als hätte ich mir das Konzept selbst ausgedacht.

Als ich an diesem Abend nach Hause kam, begrüßte mich wie immer meine Hündin an der Tür. Als ich nach ihr griff, um sie hochzuheben, sah ich in ihr kleines Gesicht und fühlte, wie ihr winziger Körper zwischen meinen Händen zappelte. »Stevie, wenn man sich den Verlauf der Menschheitsgeschichte anschaut, sind wir wahrscheinlich gleich wertvoll für den Planeten.« Über eine Milliarde Jahre betrachtet war ihre tägliche Suche nach Schlafplätzen mit unterschiedlichen Temperaturen nicht mehr oder weniger edel als alles, was ich jemals tun würde. Eines Tages würden wir beide sterben, begraben oder verbrannt werden und in einen undefinierbaren mineralischen Zustand zurückkehren.

Alles war sinnlos. Nichts bedeutete etwas oder war wichtig. Mir wurde mein Leben einfach so zurückgegeben. Oder besser gesagt, das Leben, das ich als Achtjährige hatte. Das war die tröstlichste Erkenntnis meines Lebens. Ich hatte den Nihilismus entdeckt. Oder vielmehr, wie ich es nannte, den fröhlichen Nihilismus.

Kapitel 1

Nihilismus im 21. Jahrhundert

Es ist keine Übertreibung, wenn man sagt, dass der Nihilismus ein Imageproblem hat. Wenn der Begriff auftaucht, stellen wir uns mürrische, schlecht gelaunte, bärtige Europäer in schwarzen Mänteln vor. Erwähnen Sie in der Öffentlichkeit, dass Sie Nihilist sind, und Sie werden feststellen, dass die Atmosphäre um Sie herum frostiger wird, ihre Mitmenschen glasige Augen bekommen und die Gesprächspartner sich rarmachen. Als ich dieses Buch schrieb, fragten mich die Leute oft, warum ich so viel Zeit für die Erforschung eines so erbärmlichen Themas aufwenden würde. Wenn ich dann mein Argument vorbrachte, dass die Philosophie des Nihilismus ihren eisigen Ruf nicht ganz verdiene und eine Version des fröhlichen Nihilismus tatsächlich eine erbauliche und wertvolle Perspektive bieten könne, nickten sie kurz mit dem Kopf und fragten dann: »Was *ist* eigentlich Nihilismus?«

Nihilismus ist ein Begriff, den jeder sehr frei verwendet, oft ohne zu verstehen, was er bedeutet. Er wird als Ersatz für »ne-

Kapitel 1

gativ« oder »deprimierend« gebraucht, gilt als immerwährender Indikator für schlechte Stimmung. Bevor wir also unser neues Verhältnis zu diesem Begriff unter die Lupe nehmen können – oder versuchen, ihn neu zu verstehen –, müssen wir darauf schauen, wie der Nihilismus traditionell wahrgenommen und verstanden wurde.

Dass sich so viele Menschen mit diesem Begriff schwertun, ist verständlich, denn er ist absichtlich undefiniert. Schon das Wort »Nihilismus« ist ein regelrechter Abgrund. Es kommt vom lateinischen *nihil*, also von *nichts*. In einfachen Worten ausgedrückt, geht es genau darum: um Leere, eine Leerstelle. Nihilisten (oder zumindest das Stereotyp von ihnen) glauben, dass Sinn, Werte und Zweck von Natur aus nicht existieren. Dass sie von Menschen geschaffene Konstrukte sind, die wir willentlich benutzen, um uns selbst einzuschränken und zu trösten. Philosophische Systeme um die Begriffe von Moral, Anstand und Güte sind also nicht irgendwie in das Gewebe des Lebens und der Existenz eingebunden und auch nicht Teil davon wie Luft oder Schwerkraft. Sie sind vielmehr Ideen, die wir in unsere kollektive Realität aufgenommen haben.

Mit diesem Denken könnten manche behaupten (und einige tun das auch), dass unsere Bindung an diese Werte nur vorübergehend ist. Wenn nichts von Bedeutung ist, man keinen Lebenssinn hat und die Moral ein Hirngespinst ist, was ist dann der Sinn von allem? Warum morgens aus dem Bett aufstehen? Oder Geld verdienen? Oder sich um sich selbst kümmern? Oder höflichen, aber quälenden Small Talk mit den Nachbarn führen? Oder versuchen, irgendwelche gesellschaftlichen Richtlinien zu befolgen, die das Gute betreffen, wenn es »das Gute« doch gar nicht gibt? Es ist kein Zufall, dass die Wurzel *nihil*, *nichts* auch in dem Verb »vernichten« vorkommt. Wenn man anfängt, so zu denken, haben die Dinge das Potenzial, sich ziemlich schnell aufzulösen.

Wenn man die gängigste Lesart des Nihilismus weiter aufschlüsselt, heißt es oft, dass er eine Reihe von Grundkategorien enthält. Je nachdem, wen Sie fragen, variieren diese Kategorien. Aber um einen allgemeinen Eindruck zu vermitteln und sicherzustellen, dass wir alle auf dem gleichen Wissensstand sind, lassen Sie uns diese Kategorien auf die folgenden wenigen verdichten, die den Großteil unseres Lebens und unserer Erfahrungen betreffen.

Historisch gesehen hat der politische Nihilismus wohl den längsten Schatten geworfen, der über die theoretische Diskussion hinausgeht und das Geschehen in der realen Welt direkt beeinflusst. Der politische Nihilismus lehnt politische, soziale und religiöse Systeme, Strukturen und Autoritäten ab. Er wird häufig mit den russischen Anarchisten des 19. Jahrhunderts in Verbindung gebracht, die sich mit den weitreichenden Machtbefugnissen der Kirche und der Monarchie auseinandersetzten und damit, wie Konstrukte von Autorität und Klasse es ermöglichten, einfache Leute durch die Aristokratie ausbeuten zu lassen. Diese Periode des zügellosen Nihilismus wurde durch die Ermordung von Zar Alexander II. im Jahr 1881

Kapitel 1

unterbrochen – eine PR-Krise, die noch heute über der Philosophie schwebt.

Die Gewalt, die von einigen politischen Nihilisten begangen wird, ist abschreckend. Die Fragen jedoch, wie und warum allgemein akzeptierte Machtstrukturen die Terrorisierung einer Gruppe durch eine andere rechtfertigen können, sind durchaus berechtigt. Die Forderungen der Black-Lives-Matter-Demonstranten von 2020, die Polizei abzuschaffen und ihr die Mittel zu kürzen, die Gefängnisse zu leeren und die Kautionssysteme zu überarbeiten, könnten auch als Übungen in politischem Nihilismus gesehen werden. Sie betrachten die Art und Weise, wie wir derzeit leben, Autorität verleihen und Sicherheit definieren, und kommen zu dem Schluss: Das funktioniert eindeutig nicht. Anstatt diesen Vorstellungen von Recht und Ordnung blindlings zu folgen, befassen sie sich mit der Geschichte, die uns in diese Situation gebracht hat, und stellen die Mythen infrage, die wir uns über die Rolle der Polizei in unseren Gesellschaften erzählen. Letztlich sind diese Demonstranten und Aktivisten nicht darauf aus, Nachbarschaften zu zerstören oder Chaos zu schaffen. Vielmehr fordern sie die Menschen dazu auf, einen Schritt zurückzutreten und sich zu fragen: Warum leben wir so? Warum unterstützen wir Strukturen, die nicht funktionieren, an die wir nicht glauben, nur weil sie als der richtige Weg angesehen werden? Wie können wir es besser machen?

Das kommt dem ethischen oder moralischen Nihilismus sehr nahe, der – fernab von Revolutionen – in der Geschichte ebenfalls sehr viel Angst unter den Nicht-Anhängern hervorgerufen hat und absolute moralische oder ethische Werte ablehnt. Er argumentiert, dass selbst unsere grundlegendsten Vorstellungen von Gut und Böse Konstrukte aus Kontext, Geschichte und sozialer Konditionierung sind. Diesem Denken zufolge könnte man fragen: Wie können andere mein Verhalten als unmoralisch beurteilen, wenn Moral doch eine Illusion ist?

Wenn Sie jemals in YouTube-, Reddit- und Podcast-Löcher von Alt-Right-Aktivisten hineingestolpert sind, werden Sie wahrscheinlich Zeuge des moralischen Nihilismus geworden sein, der dort herrscht. In diesen Räumen benutzen Unterstützer – die oft, aber nicht immer, weiße Männer sind – einige Grundlagen des Nihilismus, um ihre Moral sowie ihren Rassismus, Sexismus, Antisemitismus und eine ganze Reihe weiterer Bigotterien endlos darzustellen. Wahrscheinlich war dies eine unangenehme Erfahrung für Sie, aber versuchen Sie dennoch, nicht Ihre gesamte Auseinandersetzung mit nihilistischen Ideen von dieser Internet-Erfahrung beeinflussen zu lassen.

Trotz der verschiedenen Möglichkeiten, nihilistische Ideen im Einzelnen zu untersuchen, laufen die meisten dieser Interpretationen letztlich auf den existenziellen Nihilismus hinaus – auf die allumfassende zentrale Theorie, die sich hinter allen Variationen verbirgt und ganz einfach behauptet, dass das Leben an sich bedeutungslos ist. Alles, was wir tun oder nicht tun, ist irrelevant, nichts baut sich zu irgendetwas auf,

Kapitel 1

wir werden nicht von irgendeiner kosmischen Kraft gelenkt. Jeder Moment der Liebe, des Schmerzes, der Freude, der Bedrängnis, den ein Mensch je erlebt hat, ist zufällig und sinnlos.

Existenzieller Nihilismus und das überwältigende Gefühl der eigenen Bedeutungslosigkeit, das sich aus diesem Denken ergibt, führen oft zu einem viel diskutierten Gefühl der existenziellen Angst. Gemeint ist der vertraute Schrecken, der Sie zweifellos schon befallen hat, wenn Sie nachts um zwei Uhr wach lagen und sich fragten: Was ist der Sinn von all dem?

So gesehen ist es nicht schwer zu verstehen, warum Menschen angesichts von Nihilismus und Nihilisten erschaudern. In der gesamten modernen Geschichte wurde der Nihilismus noch nie als ansprechendes Produkt präsentiert. Sinn dagegen bietet Vernunft, Trost, Verbindung. Es ist schwierig, den Leuten dies abzugewöhnen. Denn was ist das Leben ohne Sinn?

Im Jahr 2018 hat jemand in Australien (wo ich lebe) in Supermärkten Nadeln in Erdbeeren gesteckt. Nicht in die Körbchen, sondern sorgfältig und unsichtbar in die Früchte selbst. Es war wie diese weit verbreitete Legende von Rasierklingen, die in Halloween-Süßigkeiten für Kinder versteckt sind. Nur dass die Sache diesmal echt war. Menschen aus dem ganzen Land berichteten, dass sie in ein Stück ihrer Lieblingsfrucht bissen und sofort eine Nadel im Mund hatten. Einige Menschen wurden ins Krankenhaus eingeliefert, nachdem sie eine Nadel verschluckt hatten. Der Vorfall machte international Schlagzeilen und schadete der australischen Obstindustrie schwer. Landwirte und Supermärkte warfen tonnenweise ihre Ware weg. Erdbeeren verschwanden von den Speisekarten, und die Käufer wurden aufgefordert, bereits gekaufte Erdbeeren wegzuwerfen. Der Hashtag #smashastrawb wurde zum Trend, da jeder nun zwanghaft alle Früchte vor dem Verzehr aufschnitt und zerkleinerte. Die Regierung von Queensland (dem warmen nördlichen Bundesstaat, in dem ein Großteil der Früchte des Landes angebaut wird) kündigte ein Hilfspaket in Höhe von einer Million Dollar für die Erdbeerindustrie an.

Nachahmungsfälle traten offenbar mehrfach auf, da Nadeln auch in Bananen und Äpfeln gefunden wurden. Es wurde von über hundert Fällen berichtet, in denen Nadeln in Obst auftauchten, doch man konnte dabei nur schwer zwischen Falschmeldungen und unbewiesenen Internet-Behauptungen unterscheiden. Die Menschen waren alarmiert, nicht nur durch die Angst, in eine Nadel zu beißen – was so unglaublich verstörend ist, dass es eigentlich in einen Horrorfilm statt in eine Nachrichtensendung gehört –, sondern auch durch die Vorstellung, dass jemand aus ihrer Gesellschaft etwas so Grausames tun konnte. Es war unklar, ob die Sabotage bei der Ernte, beim Verpacken oder in den Geschäften selbst stattfand. Jeder kam als Täter infrage.

Damals schoss mir ein Gedanke durch den Kopf: Die Grenze zwischen Ordnung und Chaos ist wirklich hauchdünn. Vor 2018 ist den meisten Menschen der Gedanke, dass jemand

Kapitel 1

eine Nadel in eine Erdbeere stecken könnte, wahrscheinlich nie gekommen. Auch Sie haben vermutlich blindlings in Tausende von Obststücken (und natürlich andere Lebensmittel, die Sie nicht selbst angebaut oder zubereitet haben) gebissen, ohne eine Sekunde zu zögern. Aber denken Sie einen Moment lang an das Letzte, was Sie gegessen haben, an all die zahllosen Hände, durch die es gegangen ist und die Sie nie kennen werden oder verantwortlich machen können. Ohne darüber nachzudenken, haben Sie blind und stillschweigend darauf vertraut, dass jeder dieser unbekannten Menschen nur Ihr Bestes im Sinn hatte. Sie können jeden Tag aufwachen, sich eine Schale Müsli machen, einen Kaffee kaufen, ein abgepacktes Sandwich holen und werden nicht von Gedanken an die unendlich vielen Gelegenheiten geplagt, bei denen Ihnen jemand schaden könnte, weil Sie einen stillen, aber vereinbarten Verhaltenskodex verinnerlicht haben und glauben, dass Menschen in ihrem Leben einander nicht wahllos verletzen werden.

Warum eigentlich nicht? Natürlich will niemand für eine so feige und grausame Tat wie das Platzieren einer Nadel in eine Erdbeere verhaftet und gedemütigt werden, aber es ist ja auch eine verdeckte Aktion. Sie könnten sich leicht vorstellen, dass niemand Sie jemals erwischen würde, falls Sie es täten.

Die tatsächliche Täterin entpuppte sich schließlich als verärgerte Farmaufseherin, die aus Bosheit handelte. Die Polizei behauptete, dass sie sich von ihren Kollegen schlecht behandelt fühlte. Als ich diese Zeilen schrieb, stand sie vor Gericht und wurde in sieben Fällen wegen Verunreinigung von

Nihilismus im 21. Jahrhundert

Waren zur Verursachung eines wirtschaftlichen Schadens angeklagt. Zwei Jahre später wurde sie nur noch mit sieben Obstkörbchen in Verbindung gebracht. Die Polizei hat festgestellt, dass insgesamt 230 Nadelvorfälle im ganzen Land gemeldet wurden; die restlichen sind noch ungeklärt. Das bedeutet wiederum, dass immer noch Menschen frei herumlaufen, mit ihrer Familie sprechen, ihre Kinder abholen, das Abendessen zubereiten, die sich aus Gründen, die wir nie erfahren werden, dazu entschlossen haben, durch eine niederträchtige Tat Fremde zu verstümmeln und zu traumatisieren. Menschen, die man wahrscheinlich nie verdächtigen würde, weil man glaubt, dass ein gemeinsames Moralsystem uns alle schützt. Zweihundertdreißig Nadeln haben aber gezeigt, dass dies eine leicht widerlegbare Fantasie ist.

Dieser Vorfall verfolgt die Stadt immer noch. Die Leute bringen ihn regelmäßig zur Sprache, wenn Obst gekauft oder serviert wird. Wir inspizieren unser Essen, schneiden es auf, bevor wir es in den Mund stecken, nicht weil wir bewusst Angst vor Nadeln haben, sondern weil wir Angst davor haben, wie leicht die Ordnung, die wir um unsere Unversehrtheit errichtet haben, gestört werden kann. Und genau dieses Chaos erschreckt die Menschen am Nihilismus. Wenn eine einzelne Person, die von einem moralischen System abweicht, ein ganzes Land terrorisieren kann, was würde dann passieren, wenn wir alle dieses System ablehnen?

Der Mensch braucht Sinn, nicht nur um sich sicher zu fühlen, sondern um überhaupt zu leben. In seinem Buch

Kapitel 1

The Birth and Death of Meaning schreibt der amerikanische Kulturanthropologe Ernest Becker: »Anthropologen wissen seit Langem: Wenn ein Volksstamm das Gefühl dafür verliert, dass seine Lebensweise sinnvoll ist, pflanzen sich seine Mitglieder möglicherweise nicht mehr fort oder legen sich in großer Zahl einfach hin und sterben an fischreichen Flüssen.«

Sinn bietet moralische Orientierung, Trost und Verbindung. Nihilismus antwortet darauf oft mit Anarchismus, Depression und vollständiger psychologischer Zerstörung.

Als ich mich eines Nachmittags mit meiner Mutter über dieses Buch unterhielt, erläuterte ich ihr einige der Ideen, über die ich forsche: dass wir zu sehr in Bedeutung investieren, dass wir uns weigern, sie infrage zu stellen, und im Gegenzug von Bedeutung sowohl unterdrückt als auch getröstet werden. Meine Mutter nickte höflich, während ich mich fragte, ob wir nur an Dinge glauben, weil wir uns durch sie sicher und wertvoll fühlen, insgeheim aber wissen, dass wir so viel in sie investiert haben und es ganz einfach niederschmetternd wäre, sie jetzt abzulehnen. Als ich mit meinen Worten fertig war, räumte sie unsere Teetassen weg und meinte: »Das klingt alles ganz gut, solange man nicht wirklich daran glaubt.«

Ich war etwas verblüfft und erwiderte: »Was meinst du damit, ich würde nicht daran glauben? Immerhin verbringe ich ein ganzes Jahr damit, in eben diesem Sinne zu argumentieren.«

Da verzog sie das Gesicht: »O Wendy, aber es ist sehr deprimierend, so zu denken.«

Nihilismus im 21. Jahrhundert

Diese weit verbreitete Abneigung gegen den Nihilismus ist nicht völlig unberechtigt und beruht auf einem Missverständnis des Themas. Nihilismus hat sich immer wieder in die dunkelsten Bereiche der menschlichen Geschichte und des menschlichen Verhaltens eingeschlichen. Der deutsche Theologe Helmut Thielicke war der Ansicht, dass die dem Nihilismus innewohnende Amoralität zum Aufstieg des Faschismus und der NSDAP im Deutschland der 1930er Jahre geführt hat. Diese Verbindungen bestehen bis zum heutigen Tag und haben sich tatsächlich zu einer unangenehmen Beziehung zwischen Nihilismus und Alt-Right entwickelt.

Um zu verstehen, wie ein absichtlich leerer Blick auf die Welt mit solcher Dunkelheit gefüllt wurde, lohnt es sich, einige Zeit mit Friedrich Nietzsche zu verbringen, dem deutschen Philosophen und Kulturkritiker, der zum Aushängeschild des Nihilismus geworden ist.

Nietzsche hasste Systeme und feste moralische Prinzipien; er akzeptierte keine objektive Ordnung des Lebens außer derjenigen, die wir ihm geben. Viele fixieren sich auf diese Ablehnung traditioneller Glaubenssysteme und überlieferter Sinnbegriffe. Ja, Nietzsche war der Meinung, dass moralische und soziale Konventionen das individuelle Denken und die Vernunft ersticken – er sagte aber nicht, dass wir sie um ihrer selbst willen zerstören sollten. Vielmehr sollten wir selbst denken, unser eigenes Leben betrachten und uns den sozialen und moralischen Kräften stellen, die auf uns einwirken.

Kapitel 1

Wie bei so vielen genialen Menschen war auch Nietzsches Leben turbulent und produktiv. 1869, im Alter von 24 Jahren, wurde er zum Professor für klassische Philologie an der Universität Basel ernannt. Er war damit der jüngste Professor in der 400-jährigen Geschichte der Universität. Einige Jahre später, mit 27 Jahren, veröffentlichte er das erste seiner ikonischen Werke, *Die Geburt der Tragödie*. Leider wurde Nietzsche bald von geistiger und körperlicher Krankheit heimgesucht. Nach einem Jahrzehnt an der Universität trat er wegen gesundheitlicher Probleme zurück. In den folgenden zehn Jahren entstanden seine berühmtesten und einflussreichsten Schriften, darunter *Die fröhliche Wissenschaft*, *Also sprach Zarathustra*, *Zur Genealogie der Moral* und *Götzen-Dämmerung*. Um die Jahrhundertwende erlitt er im Alter von 44 Jahren einen Nervenzusammenbruch und verbrachte den Rest seines Lebens in der Obhut seiner Mutter und seiner Schwester Elisabeth Förster-Nietzsche. Am Ende seines Lebens konnte er nach mehreren Schlaganfällen nicht mehr sprechen. Er starb im Jahre 1900 und erlebte nicht mehr, wie sein Denken das 20. Jahrhundert beeinflussen sollte.

In seinen letzten Jahren konnte Nietzsche die Arbeit, die ihn berühmt gemacht hatte, nicht mehr fortsetzen. Obwohl er nun schon lange nichts mehr geschrieben hatte, wurden nach seinem Tod weiterhin Werke »von« Nietzsche im Kulturleben verbreitet. Dies geschah über seine Schwester Elisabeth, die die Kontrolle über sein Archiv und die posthume Veröffentlichung übernommen hatte. Das führte zu einem

Bruch in der Art und Weise, wie seine Ideen präsentiert und verbreitet wurden.

Elisabeth war überzeugte Nationalsozialistin. An einem surrealen Wendepunkt der Geschichte gründeten sie und ihr Mann Bernhard 1887 Nueva Germania – die berüchtigte »arische« Kolonie in Paraguay. Zusammen mit vierzehn anderen »rassisch reinen« deutschen Familien planten sie, etwas aufzubauen, was Simon Romero in der *New York Times* als »eine Kolonie« beschrieb, »von der aus ein Vorauskommando von Ariern Anspruch auf den gesamten südamerikanischen Kontinent erheben könnte«. Mission dieser Kolonie war die »Läuterung und Wiedergeburt der menschlichen Rasse«.

Das ganze Experiment entpuppte sich jedoch als Fiasko. Die Gruppe wurde von Krankheiten, Machtkämpfen, Missernten und zudem von Elisabeths und Bernhards Größenwahn heimgesucht. Der Plan scheiterte nach zwei Jahren, das Paar kehrte nach Hause zurück, und Bernhard nahm sich 1889 das Leben. Nach seinem Tod widmete Elisabeth ihre ganze Aufmerksamkeit dem Aufbau eines Nietzsche-Archivs.

Normalerweise ist es eine ehrenvolle Aufgabe, das Erbe eines kränkelnden Genies zu schützen und zu fördern, doch Elisabeth nutzte es als Gelegenheit, Nietzsches Schriften so zu bearbeiten und zu manipulieren, dass sie in ihre eigene rassistische Agenda passten.

Nietzsche war ein Produkt seiner Zeit, und Deutschland war im späten 19. Jahrhundert eine zutiefst antisemitische Gesellschaft. Doch seine Schriften legen nahe, dass er sich die-

Kapitel 1

sem Denken nicht verschrieben hatte. In ihrer Nietzsche-Biografie *Ich bin Dynamit* schreibt Sue Prideaux, dass Nietzsche sich für den Menschen als »Individuum interessierte, nicht als Herdentier«. Für den *Guardian* fügte sie hinzu: »Aufgewachsen in Bismarcks Reich, gab es drei Dinge, die Nietzsche hasste: den großen Staat, den Nationalismus und den Antisemitismus. Er war ein Mann, der alle Systeme ablehnte und schrieb, dass er sich mit niemandem einlassen wolle, der »an dem verlogenen Rassenschwindel« teilhaben würde.

Tatsächlich schreiben Michael F. Duffy und Willard Mittelman in ihrer Abhandlung »Nietzsche's Attitudes Toward the Jews«, dass er »den zunehmenden Nationalismus der europäischen Länder anprangerte und andeutete, dass es gerade dieser Nationalismus ist, der antisemitisches Denken schürt«. Trotz seiner Abneigung gegen alle Religionen gab Nietzsche zu, dass er die »Aufgeklärtheit und intellektuelle Unabhängigkeit« der jüdischen Menschen in seinem Leben bewunderte. Das Ende von Nietzsches intensiver Freundschaft mit Richard Wagner war auch auf dessen Antisemitismus und deutschen Nationalismus zurückzuführen (Wagner und Elisabeth blieben gleichwohl verbunden).

Aber all dies wurde in Elisabeths Bearbeitung und Anordnung seiner unveröffentlichten Inhalte redigiert. Sie durchforstete sein Archiv, schnitt Teile aus seinen Werken aus, fügte sie neu zusammen und kombinierte sie mit ihren eigenen Interpretationen, um eine subjektive Biografie und den *Willen zur Macht* zu veröffentlichen – eine manipulierte Sammlung von Nietzsches Schriften. Der *Wille zur Macht* wurde in Nazi-Deutschland viel gelesen. Als Elisabeth 1935 starb, nahm Hitler an ihrer Beerdigung teil.

Fünfundachtzig Jahre nach dem Tod seiner Schwester werden Nietzsche und der Nihilismus immer noch regelmäßig mit einigen der brutalsten und düstersten Auswüchse der menschlichen Vernunft in Verbindung gebracht (dazu später mehr). Die Ironie dabei ist jedoch, dass Nietzsche nicht glaubte, dass sich jemand voll und ganz dem Nihilismus verschreiben sollte, obwohl er selbst das Aushängeschild dafür war und viele bedrückte Menschen inspiriert hat, die in der anarchistischen Welt unterwegs waren. Nietzsche begriff den Nihilismus vielmehr als einen Zustand, den man auf dem Weg zu etwas anderem durchläuft. Wenn er Systeme und vorgeschriebene Vorstellungen von Vernunft und Moral ablehnte, dann nicht, weil er der Meinung war, dass es sie nicht geben sollte, sondern dass sie Themen sein sollten, die man selbst erforscht.

Darüber hinaus war Nietzsche als Kritiker der organisierten Religion (ich kann gar nicht genug betonen, wie antireligiös er war) besorgt darüber, wie sehr die existierenden Ideen von Vernunft und Moral darauf fixiert waren, was als Nächstes kommt. Er war nicht der Meinung, dass dieses Leben und unser gutes Benehmen von göttlichen Vorstellungen oder dem langfristigen Plan, nach dem Tod in ein besseres Leben zu gelangen, geleitet sein sollten – oder in eine »wahre Welt«, wie dieser himmelsähnliche Zustand oft genannt wurde. Vielmehr befürchtete er, dass die (menschliche) Existenz

Kapitel 1

unterbewertet und als bloße Generalprobe behandelt wird – als etwas, das man durchsteht und danach hinter sich lässt. Nietzsche schreibt in *Die fröhliche Wissenschaft*, dass dies dem Individuum erlauben würde, die Position eines »Welten-Richters« einzunehmen, »der zuletzt das Dasein selbst auf seine Waagschalen legt und zu leicht befindet«.

Er befürchtete, dass dieser Ansatz Apathie und Bindungslosigkeit fördere und die persönliche Verantwortung abschaffe. Diese Herangehensweise würde es einem Menschen erlauben, Zeuge von Leiden zu werden und sich sofort mit dem Glauben zu trösten, dies würde im nächsten Leben korrigiert werden. Wenn man Sinn jedoch ablehne und sich direkt in die Realität des gegenwärtigen Augenblicks begebe und akzeptiere, dass es keine kosmische Prophezeiung oder Güte gibt, dann bleibe nur noch die Verantwortung, jetzt zu handeln. Man könne nicht erwarten, dass das Universum später den Kurs korrigiert.

Auf diese Weise begriff Nietzsche den Nihilismus und seine eigene Arbeit als einen Weg, uns zu helfen, authentisch zu werden. Er spottete nicht über den Sinn; er verstand dessen Macht und wollte nicht, dass mit ihm blind umgegangen oder er passiv akzeptiert würde. Nietzsche war gegen jegliche Systeme, die bequeme Antworten anboten und uns von der Frage abhielten: Warum leben wir so? Warum ist Macht auf diese Weise strukturiert? Stimmt das mit dem überein, was ich wirklich glaube? Habe ich meine eigenen Vorstellungen von Gut und Böse entwickelt?

Nihilismus im 21. Jahrhundert

In *Die fröhliche Wissenschaft* schrieb er: »Der Mensch ist allmählich zu einem phantastischen Thiere geworden, welches eine Existenz-Bedingung mehr, als jedes andere Thier, zu erfüllen hat: der Mensch muss von Zeit zu Zeit glauben, zu wissen, warum er existiert, seine Gattung kann nicht gedeihen ohne ein periodisches Zutrauen zu dem Leben! Ohne Glauben an die Vernunft im Leben!« Nietzsche ist nicht als Nihilist gestorben. Er benutzte den Nihilismus vielmehr als Linse, um sein Leben und sich selbst kritischer zu betrachten.

Und genau diese Lesart des Nihilismus habe ich im Sinn, wenn ich eine alternative Vorstellung von einem Leben ohne Sinn erwäge. Der fröhliche Nihilismus löst sich von der bisherigen Ausrichtung auf Zerstörung, indem er die Sinnlosigkeit als eine Chance zum Atmen und Denken betrachtet. Letztlich dient die Sinnlosigkeit als leeres Blatt; als Chance, den Moment, die Gegenwart, das Chaos und das Glück, überhaupt am Leben zu sein, zu genießen.

Trotz Nietzsches Bemühungen, den Nihilismus als eine strukturierte und lebendige Theorie zu präsentieren, scheinen unsere Stereotypen über Nihilisten auch hundert Jahre nach Nietzsches Tod immer noch fest in der Vergangenheit verwurzelt zu sein. Aber die sich immer deutlicher entwickelnde Haltung des fröhlichen Nihilismus ist heute angenehm lebendig und frisch. Ich würde sogar behaupten, der fröhliche Nihilismus ist populärer denn je.

Als ich anfing, über dieses Buch nachzudenken, wurde mir bewusst, dass ich überall Nihilismus entdeckte. Ja, ich habe

Kapitel 1

viel darüber gelesen und gesprochen, aber die prägnantesten und eindringlichsten Beispiele fand ich nicht in Vorträgen oder Artikeln. Vielmehr trat der Nihilismus subtil auf, war dabei aber zutiefst zu einem Teil der sich verändernden Pop- und Internetkultur geworden, die ich jeden Tag konsumierte.

Der Nihilismus hat die Angewohnheit, die Form genau dessen anzunehmen, was wir in einem bestimmten Moment am meisten fürchten. Er ist trickreich und anpassungsfähig und spiegelt die wechselnden Sorgen und Anliegen eines jeden Jahres wider. Im 19. und 20. Jahrhundert blickten die Menschen auf den Nihilismus und sahen den Schatten der Moderne: In einer Zeit, in der die Wissenschaft Gott in den Köpfen und Herzen der Menschen verdrängt hatte, thematisierte er ihre Angst vor einer postreligiösen Welt. Kritiker befürchteten, dass die Betonung des Nichts gleichsam vom Weg ablenken und zu Faschismus, Gewalt und einer totalen Entartung der persönlichen und gesellschaftlichen Moral führen könnte.

Wenn man sich heute mit dem Nihilismus beschäftigt, entdeckt man ein neues Unbehagen. Es steckt in unserer Diskussion über den Klimawandel, den Neoliberalismus, das Versagen des Kapitalismus und die zunehmende Einsamkeit und Beziehungslosigkeit, die wir gewöhnlich dem Internet anlasten. Aber in den letzten Jahren ist er von den Rändern der Gesellschaft her eingedrungen und hat Identität, Geschmack, Humor und Einstellungen der Generation Y und Z zum Großteil geprägt. Anstelle von altmodischen Leuten, die sich

Nihilismus im 21. Jahrhundert

bei Kerzenlicht Notizen machen, sehen wir heute Teenager auf TikTok, die das Universum scherzhaft anflehen, sie zu töten. Wir sehen Meme-Accounts, die angesichts der Sinnlosigkeit des Lebens die Zunge herausstrecken. Zudem haben wir die sich selbst medikamentierende Heldin mit den ausdruckslosen Augen aus *My Year of Rest and Relaxation* und die provozierend düstere Musik von Billie Eilish und Lana Del Rey.

In den letzten Jahren habe ich immer wieder einen Artikel gelesen, der von mehreren Journalisten in verschiedenen Publikationen veröffentlicht wurde. Manchmal erschien er bei Twitter oder Instagram, manchmal bei Netflix und YouTube. In jüngster Zeit ist er bei TikTok aufgetaucht. Wenn Sie diese Zeilen lesen, wird er wahrscheinlich einen anderen Schwerpunkt haben – obwohl ich wetten würde, dass er immer noch dieselbe Frage stellt: Warum sind die Inhalte der Millennials und der Zoomer so dunkel und seltsam?

Ich nehme den Leuten die Frage nicht übel. Ich persönlich bemerke schon seit einiger Zeit Veränderungen bei dem, was mich zum Lachen bringt. Wie viele Menschen, die online aufgewachsen sind und sorgfältig ein digitales Phantombild von sich selbst pflegen, verbringe ich viel Zeit damit, durch Instagram zu scrollen, Memes an meine Freunde zu schicken und Leute mit Posts zu taggen, während ich einfach »wir« schreibe. Im Alltag halte ich mich für einen ziemlich angepassten, fröhlichen Menschen, dessen Gespräche sich in der Regel um Nachrichten, banalen Klatsch und Dinge drehen,

Kapitel 1

die ich gerade gegessen habe oder bald zu essen gedenke. Aber wenn Sie anhand der Memes, Artikel, Accounts und Videos, die ich mag und teile, eine Karte meines Lebens erstellen würden, wären Sie wahrscheinlich der Meinung, dass dort etwas weit Problematischeres vor sich geht.

Wenn ich mir meine sozialen Medien anschaue (ich persönlich halte mich hauptsächlich an Twitter und Instagram und gehe nur gelegentlich auf TikTok), sind die meisten Accounts, denen ich folge, ein eher zäher Brei aus Humor, Politik, Nachrichten, Aktivismus, Kunst und witzigen, flott geschriebenen Erklärungen von erdrückender Melancholie.

Während ich an diesem Absatz arbeitete, nahm ich mein Smartphone zur Hand und scrollte durch die letzten Posts auf Instagram und Twitter. Dort wurde ich mit Aufrufen zur Demontage des Kapitalismus, geisterhaften Screenshots aus Reality-TV-Shows und Zitaten von Philosophen und Gesellschaftstheoretikern konfrontiert. Hinzu kamen viele verschiedene Witze, die im Grunde alle das Gleiche bedeuteten: »Ich fühle mich die ganze Zeit sehr ängstlich und schlecht.«

Cat Cohen, eine musikalische Komikerin (ich verspreche, das ist besser, als es sich anhört), hat ein Video von sich auf Instagram hochgeladen, in dem sie einen Song über »die Leere« probt. Darin singt sie, wie das Loch in ihr »nervt« und wie sie deshalb versucht, es mit »Massen von käseüberbackenen Produkten, noch mehr Gin Tonic, Sex mit dem Nächstbesten – mit Leuten, die ›Hi, wie geht's?‹ sagen, und sämtliche Erlebnisse bei Zara oder Aura-Reading-Fotos von sich posten – und zahllosen Astrologie-Apps« zu füllen. Die Kommentare darunter sind voller Lach- und Feuer-Emojis, die Leute nennen es ihren Titelsong. Ich habe das Video einer Freundin geschickt und dazu geschrieben: »Sie hat's voll getroffen.«

Weiter unten teilt jemand einen Screenshot von *BoJack Horseman*, einer US-Animationsserie, die eine Gruppe von Menschen und menschenähnlichen Tieren auf ihrem Weg durch Hollywood, ihren Ruhm und ihre eigenen Zyklen von Ehrgeiz und Zerstörung begleitet. Darin tröstet Mr. Peanutbutter, ein liebenswerter und begriffsstutziger Labrador, der gleichzeitig auch ein erfolgreicher Fernsehschauspieler ist, seine Exfrau, indem er sie zärtlich daran erinnert: »Das Universum ist eine grausame, gefühllose Leere. Der Schlüssel zum Glücklichsein ist nicht die Suche nach Sinn. Er besteht darin, sich einfach mit unwichtigem Unsinn zu beschäftigen, und irgendwann ist man tot.« Die Szene ist so gespielt, dass man lacht, und die Kommentare dazu wiederholen die mehrfachen Lach-/Wein-Emojis.

Eine quirlige Pilates-Trainerin erinnert ihre TikTok-Follower daran, dass sie eines Tages sterben werden, egal wie viel Wasser sie trinken, wie viel Schlaf sie bekommen oder wie viel Sport sie treiben. Jemand fragt sie in den Kommentaren, woher sie ihre mit Sternen verzierte Wasserflasche habe.

Schon früh während des COVID-19-Ausbruchs retweeteten viele Leute einen Nachrichtenartikel über japanische Freizeitparks, in denen Schreien verboten ist. Stattdessen

Kapitel 1

wurden die Gäste gebeten, in ihr Herz hineinzuschreien. Fast jeder versah das mit Kommentaren in der Art von »Das mach ich doch schon längst«.

Alles fühlt sich sehr ernst an, aber auch wie ein totaler Scherz.

Die vielleicht am weitesten verbreitete oder zumindest sehr bezeichnende Form von finsterem Humor besitzen die regelmäßig auftauchenden, scheinbar unauffälligen Internetnutzer, die sich beiläufig den Tod wünschen oder berühmte Leute auf Twitter anflehen, sie zu töten und zu verstümmeln. Es ist schwer, in Worte zu fassen, warum das lustig und nachvollziehbar ist, während mein Freund in meiner Wohnung im Nebenzimmer staubsaugt, aber so ist es. Ich wünsche mir oft, dass ein geliebter Mensch mich ermordet, oder ertappe mich dabei, wie ich nonchalant erkläre, dass ich mir wünsche, durch eine sanftmütige Berühmtheit langsam zu Tode gequetscht zu werden. Ich wünsche mir diese Auslöschung (meines Lebens) genauso, wie ich vor ein paar Jahren vielleicht davon geträumt habe, mit diesen Menschen einen Wochenmarkt zu besuchen.

In ihrem Artikel »Love, Death, and Begging for Celebrities to Kill You«, erschienen 2019 im *New Yorker*, machte sich Jia Tolentino Gedanken über dieses Phänomen. Sie meinte, dass es nicht nur ein Spiegelbild der Fangemeinde sei, sondern »dass wir uns so verzweifelt nach direkter Verbindung sehnen, dass wir sie sogar in Form von Mord akzeptieren würden. Es ist auch möglich, dass wir einfach nur sterben

Nihilismus im 21. Jahrhundert

wollen.« Der Twitter-Nutzer @alwayssaddaily, der getwittert hatte, dass er überfahren werden möchte, dachte mit ihr über das Gefühl der Sinnlosigkeit nach, das so viele dieser Inhalte miteinander verbindet: »Das Leben wird immer überflüssiger, was mich dazu bringt, diese Gedanken immer wieder laut vor mich hin zu sagen – überfahre mich mit einem Auto, bring mich verdammt noch mal um –, alles zur psychologischen Befriedigung.«

In einem Artikel mit dem unglaublichen Titel »Why Does Everyone Want Their Crushes to Run Them Over?«, der vor ein paar Monaten in *The Cut* erschien und sich demselben Thema widmete, fragte sich Gabriella Paiella, ob »die Beliebtheit des Witzes vielleicht auch damit zu tun hat, dass wir in einer Zeit leben, in der wir ständig daran erinnert werden, dass die Erde bis zum Ende des Jahrhunderts praktisch unbewohnbar sein wird, dass der Kapitalismus völlig unhaltbar ist und dass wir nur einen Knopfdruck davon entfernt sind, in einem Atomkrieg unterzugehen«. Angesichts dieses Befundes kommt sie zu dem Schluss, dass ein »atemloses ›Überfahre mich‹ zu unserer derzeitigen fatalistischen Stimmung passt«.

Das Auftreten des Nihilismus in der Popkultur ist kein neues Phänomen. In den 1980er Jahren präsentierten Filme wie *American Psycho*, *Unter Null* und *Heathers* allesamt Charaktere, die die Sinnlosigkeit auslebten und die Ablehnung traditioneller Moralvorstellungen und Werte zelebrierten. Auch die 1990er Jahre waren voll mit Pop-Nihilisten: Die Co-

Kapitel 1

en-Brüder, Harmony Korine, Larry Clark und Quentin Tarantino drehten allesamt Filme, die gefährliche und gewalttätige Nihilisten vorführten. Aber deren Auftritte wirkten eher flüchtig, vorübergehend und ungewöhnlich. Nihilisten waren ein Archetyp, der das Böse oder die Verzweiflung charakterisierte. Sie waren die Bösewichte in *The Big Lebowski* und *Heathers* und Symbole des kulturellen Verfalls in *Pulp Fiction*.

Doch die neueren Pop-Nihilisten haben sich von diesen übermäßig dramatischen Schreckgespenstern entfernt. Ihre Aktionen fühlen sich nicht wie moralische Warnungen an, sondern eher wie rationale Antworten auf den aktuellen Zustand der Welt.

Harmony Korine hat seit Beginn seiner Karriere nihilistische Filme gedreht. Ein Großteil seiner früheren Arbeiten widmet sich der Desillusionierung junger Außenseiter, die außerhalb der Systeme leben, welche normalerweise zum modernen Leben in den Vereinigten Staaten gehören und es definieren. Seine (oft jugendlichen) Charaktere blicken auf die Welt der Erwachsenen, die sich ihnen schnell nähert, und erklären diese Welt für korrupt und wertlos. Stattdessen wählen sie Chaos und Vernichtung als Alternativen. In einem Gespräch mit dem *Guardian* sagte Korine 2016 über seine Arbeit: »Ich will extremen Schaden anrichten. Ich will zerstörend sein, ich kümmere mich nicht um den Mainstream, und ich will nicht an ihm teilhaben.«

Korine geht mittlerweile auf die Fünfzig zu und gilt als Ikone der Generation X, aber seine Filme (vor allem *Spring*

Breakers von 2012) sind für viele Menschen, die Jahre nach der Veröffentlichung seiner frühen karrierebestimmenden und äußerst kontroversen Filme geboren wurden, zu Kultobjekten geworden. *Spring Breakers* formuliert Korines oben erwähnte nihilistische Themen für das neue Jahrtausend: Der Film folgt einer Gang hübscher College-Studentinnen, die teilweise aus ehemaligen Disney-Stars besteht. Diese Gruppe ist fest entschlossen, zum Spring Break nach Florida zu fahren. Gleich zu Beginn des Films rauben sie voller Schadenfreude ein Restaurant aus, um ihre Reise zu finanzieren. Es ist das erste von vielen Verbrechen, die sie in einem sich immer schneller drehenden Kreislauf aus Drogen, Partys, Sex und der Begeisterung für eine absolut »gute« Zeit begehen. Die Hauptfiguren des Films sind vom Konsum getrieben und zudem ohne jede Schuld oder Moral. Es werden keine Lektionen gelernt und auch nicht gelehrt. Auf ihrem Weg begegnen die vier Studentinnen traditionellen Berufsverbrechern und lassen diese zitternd hinter sich.

In ihrer Besprechung von *Spring Breakers* für die *New York Times* schrieb Manohla Dargis, dass der Film das Streben nach Glück »in nihilistische Extreme treibt – aber [Korine] macht aus seiner Erkundung eine so unverschämt verrückte Party, dass man erst nach einer Weile begreift, dass es sich eher um einen Horrorfilm als um eine Komödie handelt«. Grundsätzlich gilt: Nihilismus macht Spaß, ist aber gefährlich.

Als Korines nächster Film, *The Beach Bum*, etwa sieben Jahre später erschien, hatten sich die Dinge ein wenig beru-

Kapitel 1

higt. Wieder ist es eine schräge und bunte Geschichte über Exzess und Hedonismus. Diesmal folgen wir Moon Dog (gespielt von Matthew McConaughey), einem genusssüchtigen, einst kultigen Schriftsteller aus Florida, durch mehrere Nächte, die immer wilder werden. Er trinkt, nimmt Drogen, geht echter Arbeit und jeder Verantwortung aus dem Weg, hat Sex mit allen Willigen und entzieht sich jeglicher Konsequenz für sein Handeln – wozu auch sein eigener Kummer gehört. Beim Anschauen des Films hat man das Gefühl, ihn schon einmal gesehen zu haben; man weiß, dass man auf den Absturz warten muss, wenn Moon Dog unter der Last seiner Verantwortung, der er sich entzogen hatte, zusammenbricht und das System ihn einholt. Nur dass dieser Absturz nie kommt. Während einer kurzen Gerichtsszene lässt sich sogar der Richter von seinem Charme und seinem Ruf beeindrucken.

Nachdem er den Film auf dem South-by-Southwest-Medienfestival gesehen hatte, schrieb der Filmkritiker Hazem Fahmy: »Anstatt diese Themen einfach nicht zu behandeln, macht sich der Film die Mühe, uns daran zu erinnern, dass nichts in dieser seltsamen Dimension wirklich wichtig ist.« Moon Dog kümmert sich um nichts (und niemanden), er lebt zu seinem Vergnügen. Gegen Ende des Films erklärt er einem Reporter sein Lebensmantra: »Wir sind dazu bestimmt, hier Spaß zu haben.«

Für all dieses Chaos, die Zerstörung und die klare Missachtung von Regeln, Werten und Konsequenzen wird Moon

Nihilismus im 21. Jahrhundert

Dog nicht bestraft. Vielmehr wird er am Ende des Films ganz beiläufig sogar mit einem Pulitzer-Preis und mehreren Millionen Dollar ausgezeichnet. Doch erwartungsgemäß zeigt er, dass auch diese letztlich bedeutungslos sind (ich will den Schluss des Films nicht verraten).

The Beach Bum ist der fröhlichste nihilistische Film, den ich je gesehen habe. Ich mochte ihn sehr. Und viele Leute, die ich kenne, mochten ihn auch. Aber sehr viele Kritiker mochten ihn nicht. Als ich dieses Kapitel schrieb, hatte er auf der Website *Rotten Tomatoes* eine Bewertung von 56 Prozent. Die Publikumswertung war mit 29 Prozent sogar noch niedriger. Mehrere Kritiker nannten ihn einen der schlechtesten Filme, die sie je gesehen hätten. Sie waren von seiner humorigen Apathie ebenso verstört wie von der Gewalt, die in *Spring Breakers* verherrlicht wurde. Sicher, der Film war kein Aufruf zum Mord an einem Aristokraten um die Jahrhundertwende, aber er war dennoch ein Blick auf das Chaos, das der Nihilismus herbeiführen kann. So etwas erschreckt auch Jahre später immer noch viele Menschen.

Der Nihilismus spiegelt unsere Ängste und schürt sie. Aber er ist auch eine Warnung vor Systemen: vor der Macht, die sie ausüben, und den Werten, die sie vertreten. Nietzsche selbst war kein großer Fan gesellschaftlicher Normen und Konstrukte. Er hielt sie für goldene Käfige, die unsere Möglichkeiten einschränken und uns die Illusion von Bedeutung geben und davon, dass wir etwas zu verlieren hätten. Obwohl er sich selbst nicht als Nihilist bezeichnete, forderte er uns dennoch

Kapitel 1

dazu auf, uns eine Welt vorzustellen, in der diese Systeme als Illusion entlarvt werden, die keine andere Autorität besitzt als die, die wir ihnen zugestehen.

Das ist eine interessante Theorie für Millennials und Zoomer, die in einer Realität aufgewachsen sind, in der genau die Strukturen in Verfall geraten, die unserem Leben einen Sinn und ein Gefühl von größerem Ziel und Stabilität geben, uns zueinander führen und uns das Gefühl vermitteln sollen, Teil von etwas zu sein. Im Moment wirken Regierungsinstitutionen, die einst die moralische Autorität einer Generation definierten, nur noch billig und brüchig. Nachrichteninstitutionen stehen unter Beschuss und werden als Feinde, nicht als Ressource des Volkes dargestellt. Wissenschaft wird von Verschwörungen und »Wellness« verdrängt. Die Teilhabe an organisierter Religion nimmt ab. Und wir merken, dass unsere Vorstellungen von Wohlstand und Erfolg uns körperlich und geistig zerstören.

Der politische und moralische Nihilismus fordert uns auf, keinem Prinzip Glauben zu schenken und die Vorstellung, dass wahr und unwahr, richtig und falsch jemals absolut existieren können, abzulehnen. Als Nietzsche in *Wille zur Macht* schrieb, dass »jeder Glaube, jedes Für-wahr-halten nothwendig falsch ist: weil es eine wahre Welt gar nicht giebt«, könnte er direkt von unserer gebrochenen »Post-Wahrheits«-Realität gesprochen haben.

Hinzu kommt die Erkenntnis, dass für viele von uns die Ziele, nach denen wir streben sollten (ein Haus, ein fester und anständig bezahlter Job, in Ruhestand zu gehen), nicht nur nicht mehr verfügbar sind, sondern möglicherweise zu einem kapitalistischen System der personalisierten Gier und des Aufstiegs beigetragen haben, das die Wirtschaft lahmgelegt, Familien in den Ruin getrieben und den Planeten stranguliert hat.

In der Netflix-Sitcom *The Good Place* verbringen die Hauptfiguren viel Zeit damit, über den Sinn des Lebens nachzudenken. In einer Episode der Serie hat eine Figur namens Chidi – der passenderweise Moralphilosoph ist – eine existenzielle Krise wegen des Sinns von allem. Im Verlauf seines Zusammenbruchs führt er eine Klasse von Philosophiestudenten auf die wichtigsten Wege, auf denen die Menschheit bisher versucht hat, den Sinn des Lebens zu finden und zu verstehen, wie man ein »ethisches Leben« führt.

Zuerst erklärt er die Tugendethik, bei der sich Menschen wie Aristoteles für zentrale »Tugenden« wie Ehrlichkeit, Mut und Mitgefühl einsetzen, nach denen der Einzelne streben solle, um ein sinnvolles Leben zu führen und zu einer gesunden Gesellschaft beizutragen.

Dann geht Chidi über zum Konsequentialismus, der besagt, dass man anhand der Konsequenzen beurteilen kann, ob eine Handlung richtig oder falsch sei. Kurz gesagt, die richtigen Handlungen sind diejenigen, die die Welt besser machen.

Schließlich erklärt er die Deontologie, die davon ausgeht, dass die Gesellschaft letztlich von einer Reihe universeller moralischer Gesetze geleitet wird, denen wir alle zu folgen

Kapitel 1

bereit sind. Das zeigt sich in allem, von den Zehn Geboten bis zum geschriebenen Gesetz.

Auf den ersten Blick sind das drei einigermaßen annehmbare Methoden, um dem Leben Sinn und Richtung zu geben. Chidi geht aber dazu über, all diese Theorien für falsch zu erklären. Auf die Gründe dafür werde ich hier nicht näher eingehen, weil es komplizierte Handlungsstränge sind und Sie sich zudem die Serie selbst ansehen sollten. Aber wenn man bei seinen traditionellen Vorstellungen von Sinn und Zweck bleibt, kann man verstehen, warum viele junge Leute ihren eigenen Fehler darin wiedererkennen. Es ist ja nicht so, dass diese Wege per se schlecht sind, sondern vielmehr so, dass sie in der Praxis scheinbar nicht gelten.

Menschen in Macht- und Autoritätspositionen lassen sehr oft Tugenden vermissen. Tatsächlich scheinen ihr Aufstieg und ihr Erfolg eher auf dem Mangel daran zu beruhen. Die richtigen Maßnahmen, wie zum Beispiel das Eintreten für einen bewohnbaren Planeten gegenüber einer Handvoll Oligarchen, die an fossilen Brennstoffen interessiert sind, werden nur selten ergriffen. Und universelle Konzepte wie richtig und falsch, Opfer und Verbrecher, Beschützer und Unterdrücker, die ehedem universelle Gültigkeit besaßen, sind zu Diskussionsobjekten innerhalb einer Realität geworden, die stark gespalten und parteiisch ist. Da die Grundprinzipien des Guten und des Sinns offensichtlich durcheinandergeraten sind, ist es nicht weiter verwunderlich, wenn wir als die Verlorene Generation bezeichnet werden.

Nihilismus im 21. Jahrhundert

Vieles, was über die Generation Y und Z geschrieben wird, handelt von deren erdrückender Verschuldung, von fehlenden festen Arbeitsverhältnissen und ihrer angeschlagenen psychischen Gesundheit. Selbst wenn wir den traditionellen Mythen von Sinn und Zweck Glauben schenken wollten, sind die Wege dorthin – ehrliche Arbeit, glückliche Familien, gesunde Körper – nicht immer zugänglich. Für diejenigen von uns, die in dem trüben Jahrzehnt zwischen dem 11. September 2001 und der globalen Finanzkrise aufgewachsen sind, sind die Kennzeichen eines stabilen und sinnvollen Lebens schwer fassbar geworden.

In ihrem verheerenden Artikel »Millennials Don't Stand a Chance«, erschienen in der Zeitschrift *Atlantic*, erklärt Annie Lowrey: »Die Millennials traten in die Arbeitswelt ein, als der schlimmste Konjunktureinbruch seit der Großen Depression zu verzeichnen war. Mit Schulden belastet, nicht in der Lage, Vermögen anzuhäufen, und zudem in schlecht bezahlten und aussichtslosen Jobs feststeckend, haben sie nie die finanzielle Sicherheit erlangt, die ihre Eltern, Großeltern oder sogar ältere Geschwister noch genossen. Sie treten nun in ihre besten Einkommensjahre ein und befinden sich mitten in einer wirtschaftlichen Katastrophe, die größer ist als die Große Rezession.«

Im Gespräch mit *BuzzFeed News* blickte die 21-jährige Biomedizintechnik-Studentin Hailey Modi inmitten der COVID-19-Krise nach vorne: »Unser ganzes Leben lang haben uns diese Strukturen schon im Stich gelassen, und jetzt suchen wir

Kapitel 1

nach politischen Positionen außerhalb des Mainstreams – weil wir finden, dass wir keine Zeit haben, Probleme wie Einkommensungleichheit und Klimawandel zu lösen. Schrittweise Veränderungen werden es uns nicht rechtzeitig ermöglichen, das alles zu verhindern. Es ist dramatisch, und es fühlt sich wie ein gesellschaftlicher Zusammenbruch an.«

Zu sezieren, wie Millennials und Zoomer in der Generationslotterie den Kürzeren zogen, ist so etwas wie ein Sport geworden. Meine Freunde und ich wälzen Artikel, die uns nüchtern erklären, warum wir aufgeschmissen sind und die grimmige Genugtuung verspüren, nur an der obersten Schicht des Problems zu kratzen.

Nur wenige Analysen können uns Lösungen oder Erleichterung bieten. Die Probleme, vor denen wir stehen, fühlen sich zu groß an, zu sehr in der Geschichte und in Entscheidungen verortet, die getroffen wurden, bevor wir überhaupt geboren wurden. Wie Modi es ausdrückt: »Wir sind in einer Welt aufgewachsen, in der die Dinge bereits furchtbar schiefgelaufen sind, und unser Leben ist nur noch eine Vorbereitung auf das Schlimmste.« Ehrlich gesagt klinke ich mich nach ein paar Absätzen, in denen ich darüber lese, auf wie viele Arten wir betrogen werden und warum wir deprimiert sind, und von all den Spekulationen über das neue Elend erfahre, welches das nächste halbe Jahrhundert prägen wird, ganz einfach aus. Ich wechsle zu Instagram oder Twitter, schalte Netflix ein, setze meine Kopfhörer auf und tauche in die zunehmend schrägen Inhalte ein, die in diesem Strudel der Hoffnungslosigkeit aufkommen.

Nihilismus im 21. Jahrhundert

Das Seltsame daran ist aber, dass all diese nihilistischen Inhalte, die lockeren Witze über den Tod, die offenen Verlautbarungen, dass die Existenz bedeutungslos ist, dafür sorgen, dass ich mich irgendwie besser fühle. Oder zumindest bringen sie mich zum Lachen. »Im Allgemeinen wird Nihilismus als etwas Schlechtes angesehen, aber ironischerweise hat er auch eine gute Seite«, schreibt Joseph Dillier in einer Kolumne für *The Daily Illini*, die unabhängige Studentenzeitung der University of Illinois. »Wir machen uns unser eigenes Elend bewusst. Unser ironischer Nihilismus ist ein Produkt unserer Umwelt … Humor ist unser Bewältigungsmechanismus dafür. Was viele Menschen der älteren Generationen rein äußerlich für Respektlosigkeit halten, ist nur eine Art, eine unverständliche Welt zu verarbeiten.«

Viele Leute werden Ihnen sagen, dass der Nihilismus einen an einige ziemlich düstere Orte führen kann. Frühere Anhänger waren dafür bekannt, Gott für tot zu erklären, in Anarchie zu verfallen und den einen oder anderen Regierungsbeamten zu ermorden. In *The Good Place* erklärt Chidi am Ende seiner Rede, in der er darlegt, wie die traditionellen Wege zum Sinn ins Leere führen, dass der Nihilismus die einzige logische philosophische Sichtweise sei. Diese Erkenntnis verursacht bei ihm einen totalen Nervenzusammenbruch. Selbst in *Spring Breakers* und *The Beach Bum* führt eine optimistischere Sichtweise des Nihilismus dennoch zu viel Zerstörung. Aber Ehre, wem Ehre gebührt – das ist kaum repräsentativ für die jüngeren Reaktionen. In der realen Welt haben all die-

Kapitel 1

se Memes und Aufrufe zur Vernichtung noch nicht zu einem hedonistischen Chaos geführt. Sie scheinen eher das Gegenteil bewirkt zu haben.

In der Einleitung zu einem langen Artikel in der Zeitschrift *Paper* aus dem Jahr 2020 gab die Musikerin Kesha zu: »Ich bin Nihilistin, weil ich denke, dass nichts von Bedeutung ist.« Im ersten Moment wirkt ihre Aussage beunruhigend. Im Jahr 2014 klagte Kesha, weil sie ihre Verträge mit ihrem ehemaligen Produzenten Dr. Luke aufheben wollte, der, wie Gerichtsdokumente erklärten, Kesha angeblich »sexuell, physisch, verbal und emotional bis zu dem Punkt missbraucht hatte, an dem [sie] fast ihr Leben verlor«. Der Produzent erhob Gegenklage, und die beiden gerieten anschließend in einen jahrelangen Rechtsstreit, in dem Keshas Missbrauchserfahrungen nicht nur zu Boulevard-Futter wurden, sondern man sie auch daran hinderte, Musik aufzunehmen oder zu veröffentlichen, die nicht mit ihrem ehemaligen Label verbunden war. Sie hatte die Wahl, weiterhin mit ihrem angeblichen Missbraucher zu arbeiten, zumindest innerhalb der Firma, der er angehörte, oder sich ganz von der Musik zurückzuziehen. In Anbetracht dessen kann man annehmen, dass Nihilismus durchaus eine Zuflucht für eine verzweifelte, traumatisierte junge Frau sein kann. Aber sie fügt hinzu: »Doch dann denke ich: Was wirklich wichtig ist, ist einfach freundlich zu sein. Ich habe etwa einmal am Tag eine existenzielle Krise, dann bin ich ganz unten.« Nihilismus bereitet ihr keine Schmerzen. Er ist vielmehr ein Weg, um mit der Situation fertigzuwerden, im Zentrum zu bleiben, die Perspektive zu wahren und den Moment zu genießen. Wie sie auf dem Track *Tonight* von ihrem 2020 erschienenen Album *High Road* singt (auf dem sie nach so viel Dunkelheit wieder den Weg zu Gesundheit und Glück findet): »Wir haben alles, wenn wir am Leben sind ... Wenn wir atmen, atmen wir immer noch.«

Später in dem Artikel meint sie: »Natürlich ist mir wichtig, was andere Leute tun, vor allem politisch, weil es die ganze Welt betrifft. Aber was ist mit mir? Ich will einfach Musik schreiben, die den Leuten ein gutes Gefühl gibt. Ich will so glücklich wie möglich sein, weil ich in zehn Minuten von einem Bus überfahren werden könnte. Also scheiß auf die Welt – und zwar auf die schönste Art und Weise.« Nachdem sie Zeit mit ihr verbracht hat, kommt die Autorin Jael Goldfine zu dem Schluss: »Wenn die Vergangenheit schmerzhaft ist, die Zukunft unsicher und man am Ende verklagt wird, weil man versucht hat, die Welt zu verändern, wird ›Fühlt sich das gut an?‹ zu einem ziemlich klugen Motto.«

Im Jahr 2020 wurde die »Sommer-Blockbuster«-Filmsaison in der nördlichen Hemisphäre durch weltweite Schließungen und »Bleibt-zu-Hause«-Anordnungen unterbrochen, da die einzelnen Länder darum kämpften, die Verbreitung von COVID-19 einzudämmen. Filmstarts wurden verschoben oder auf Streaming-Plattformen verlagert, und viele Leute fragten sich, ob die durcheinandergeratene Welt Auswirkungen darauf haben würde, wie viel die Leute für einen Film bereit wären zu zahlen. Zufälligerweise berührten zwei der

Kapitel 1

Filme, die in dieser seltsamen Zeit herauskamen, genau das Generationenthema der Sinnlosigkeit.

Die Netflix-Serie *The Old Guard* zeigt ein Team unsterblicher Soldaten, die als moralisch getriebene Söldner agieren. Aber nach ein paar Jahrtausenden fühlt sich ihr altbekanntes Ziel, die Welt zu retten, ein wenig altbacken an. Als eine Mission schiefgeht, scheint ihre Anführerin Andy (gespielt von Charlize Theron) an ihre Grenzen zu stoßen, weshalb sie sich fragt, warum sie mit diesen anstrengenden, endlosen Dingen immer weitermachen. Als Nicky (gespielt von Luca Marinelli), ein Mitglied ihres Teams, darauf hinweist, dass sie das »Richtige« tun, weil sie weiterhin für die Unschuldigen kämpfen und die Taten einer nicht enden wollenden Reihe von Verbrechern stoppen wollen, antwortet sie: »Und was hat uns das gebracht, Nicky? Was? Nichts. Wir haben nichts getan! Die Welt wird nicht besser! Sie wird immer schlechter!«

Am selben Wochenende, an dem ich *The Old Guard* anschaute, streamte ich *Palm Springs* von der Internetplattform Hulu – noch ein Film, der der Frage nachgeht, was man mit einer endlosen Zeitspanne anfangen kann, wenn man nur wenige Vorgaben hat, wie diese Zeit sinnvoll zu füllen wäre. Diesmal finden wir Sarah (Cristin Milioti) und Nyles (Andy Samberg) in einer Zeitschleife gefangen, ähnlich wie im Film *Und täglich grüßt das Murmeltier*, die sie dazu verurteilt, die gleiche geschmackvolle Wüstenhochzeit immer wieder zu erleben. Am Anfang tun sie das, was Menschen in solchen Filmen immer tun: Sie flippen aus, erforschen auf erfinderische Weise Möglichkeiten, sich selbst und andere zu töten, konsumieren exzessiv Alkohol und Drogen und agieren zerstörerisch, nur um am nächsten Tag geläutert wieder aufzuwachen. Sie verstehen, dass alles, was sie tun, bedeutungslos ist, ein Gedanke, der sie bis in alle Ewigkeit quälen wird.

Beide Filme fragen: Was ist der Sinn von allem? Ich bin kein unsterblicher Krieger (Achtung, Spoiler-Alarm) und stecke auch nicht in einer Zeitschleife mit trockenem Klima, aber als ich sah, wie Andy, Sarah und Nyles abbauten, konnte ich mit ihnen mitfühlen. Als ich während eines COVID-19-Lockdowns in meiner kleinen Wohnung festsaß – jeder Tag war wie der vorherige, das Verstreichen der Zeit nur durch die sich verschlechternden Nachrichtenmeldungen erkennbar –, zog ich meine Maske an, wusch mir die Hände und fragte mich, ob irgendeiner meiner kleinen Akte der Gemeinschaftspflege die Wirtschaft meiner Stadt, die Gesundheit meiner Nachbarn, meine festgefahrene Karriere und meinen zerbrechlichen Körper retten könnte – solche Fragen stellte ich mir.

Natürlich finden *The Old Guard* und *Palm Springs* Lösungen, aber sie waren nicht so einfach, wie ich erwartet hatte. Diese Filme wurden für ein Publikum gemacht, das bereits einen Großteil seines Lebens damit verbracht hat, über Sinnlosigkeit zu philosophieren, und ich vermute, dass die Macher dieser Filme wussten, dass eine einfache Antwort, die sich um wahre Liebe oder Selbsterkenntnis dreht, nicht ausreichen würde.

Kapitel 1

Im Film *Und täglich grüßt das Murmeltier* von 1993 wird die Zeitschleife durchbrochen, als Bill Murrays Figur Phil lernt, freundlich zu sein. In vielen jener Filme, an die *The Old Guard* angelehnt ist, schaffen die Helden schließlich eine klare Abgrenzung zwischen gut und schlecht, böse und gerecht und retten die Welt. Glücklicherweise tut das keiner der neueren Filme.

In *Palm Springs* wird die Zeitschleife schließlich durchbrochen, aber nicht, ehe Nyles begreift, dass es in der Sinnlosigkeit seiner buchstäblich nihilistischen Existenz immer noch kleine Momente der Freude und Schönheit gibt, die selbst einer solch sinnlosen Existenz einen Wert geben. In *The Old Guard* wird Andy gezeigt, dass ihre Handlungen wohl nicht die Macht haben, die Welt an einem Nachmittag zu verändern, aber daraus ergeben sich dennoch Konsequenzen, die sich auf das Leben von Individuen auswirken.

Wie so viele Menschen, die düstere Memes online posten oder Prominente per Tweet dazu auffordern, sie mit ihren Autos zu überfahren, fand auch Kesha heraus, dass Nihilismus zu einem bestimmten Zeitpunkt ein Weg sein kann, um mit persönlichem Verlust, mit Verwirrung und Angst umzugehen. Aber er ist auch ein Weg, um die wachsende Unsicherheit und Sinnkrise dieser Generation von einem quälenden Zustand in einen Motivator zu verwandeln. Wie bereits mehr als einmal erwähnt, haben junge Menschen jeden Grund, nihilistisch zu sein (ob sie nun zu einer Form von Unsterblichkeit verdammt sind oder nicht). Aber wenn man sich umschaut, wird klar, dass diese Gefühle mehr Aktion als bloße Apathie hervorrufen. Nihilismus hat die Eigenschaft, einen zu zwingen, aus sich herauszugehen.

Wenn wir unser Leben und unsere Existenz betrachten und nach dem Sinn der Dinge fragen, stellen wir die Frage natürlich aus einer persönlichen Perspektive. Aber für eine verlorene Generation, die sich so sehr mit dem Gedanken abgefunden hat, dass ihr Leben nicht mit dem ihrer Eltern mithalten kann, hat sich dieser Instinkt verändert. Wenn man akzeptiert, dass man keine Hoffnung mehr hat, ist man gezwungen, nach etwas anderem zu suchen, das einen retten kann.

Der *BuzzFeed News*-Reporter Ryan Brooks hat sich mit dem Gefühl der Ziellosigkeit und ihren Abgründen innerhalb der Generation Z beschäftigt. In dem Beitrag »Generation Freefall« schreibt er über Studenten in New Hampshire, die darüber nachdachten, ihre eigenen Ambitionen aufzugeben, weil sie sich darüber im Klaren waren, dass das unermessliche Chaos von COVID-19 und einer Rezession ihre Zukunft dem freien Fall überlässt: »Studenten erzählten mir, dass sie so besorgt über ihre Zukunft und den Klimawandel wären, dass sie ihre Ausbildung unterbrächen, um sich für (politische) Kandidaten und den Green New Deal einzusetzen.« Ihre Argumentation – dass ihr unsicheres Leben vielleicht doch noch einem höheren Gut dienen könne – spiegelt die Angst wider, die auch Greta Thunberg anspornte, die Bewegung »Fridays for Future / Schulstreik für das Klima« ins Leben zu rufen.

Kapitel 1

Als Angehörige einer Generation, die mit einem katastrophalen Klimawandel und den immer offensichtlicher werdenden gesundheitlichen, wirtschaftlichen, sozialen und politischen Katastrophen, die daraus resultieren, konfrontiert ist, hat auch Greta gefragt: »Warum sollte man irgendeinen jungen Menschen dazu bringen, für eine Zukunft zu lernen, wenn keiner dafür etwas tut, diese Zukunft zu retten?«

In den Memoiren *Our House Is on Fire: Scenes of a Family and a Planet in Crisis* – von der Familie Thunberg gemeinsam verfasst – werden wir Zeuge, wie sich eine existenzielle Krise vom Untergang zu einer Aktion entwickelt. Gretas erster Schulstreik, bei dem sie jeden Freitag allein vor dem schwedischen Parlament saß, kam nicht aus heiterem Himmel. Er war das Ergebnis jahrelanger häuslicher gedanklicher und persönlicher Auseinandersetzungen, in denen alle Mitglieder der Familie Thunberg Phasen intensiver emotionaler Belastung durchliefen. Nach einer Weile begann Gretas Mutter Malena sich zu fragen, ob das Problem bei ihnen oder in der Welt insgesamt zu suchen sei. Vielleicht war ihre Angst ja eine logische Reaktion auf den Klimanotstand, und derjenige, der es schaffte, jeden Tag aufzustehen, ein gesundes Frühstück zu essen und nicht unter der Last seiner Angst zusammenzubrechen, war eigentlich derjenige, der irrational handelte. »Wir fühlten uns beschissen. Ich fühlte mich beschissen. Svante fühlte sich beschissen. Die Kinder fühlten sich beschissen. Der Planet fühlte sich beschissen. Sogar der Hund fühlte sich beschissen«, erinnert sich Malena.

Nihilismus im 21. Jahrhundert

Also beschlossen sie, etwas dagegen zu tun, indem sie dieses Gefühl wachhielten. Sie verwandelten ihre Verzweiflung in einen Motivator und übertrugen die Energie, die sie in den Versuch gesteckt hatten, sich als Individuen besser zu fühlen, auf die Bekämpfung des größeren Problems unseres Planeten. In einer Rezension des Buches der Thunbergs im *New Yorker* schrieb Emily Witt: »Ihr beharrlicher Pessimismus kommt wie eine Erleichterung daher. Die Selbstrechtfertigung eines jeden depressiven Menschen ist, dass Optimismus ein Wahn ist, aber die Klimakrise stellt eine Situation dar, in der Hoffnung nur aus einer kollektiven Akzeptanz der düsteren Zukunft entstehen kann.«

Natürlich war dies kein einmaliges Ereignis. Greta hat bald darauf Millionen anderer junger Menschen inspiriert, die nicht nur selbst von der Reaktion auf die Klimakrise desillusioniert waren, sondern angesichts dieser Krise auch das Gespür für den Wert ihres Lebens verloren hatten. Sie konnten sich vielleicht nicht selbst retten, aber sobald sie das akzeptiert hatten, konnten sie sich stattdessen darauf konzentrieren, den Planeten zu retten.

Ich habe viel darüber nachgedacht, was mit unseren Gefühlen von Entwurzelung und Bedeutungslosigkeit während der COVID-19-Lockdowns geschehen ist, als viele meiner Freunde ihre Jobs verloren und ihnen nur wenige Optionen hinsichtlich Beschäftigung, Stabilität oder sogar Möglichkeiten, die Zeit zu füllen, offenstanden. Wir waren schon von so vielen Wegen ausgeschlossen, die vorher einen Sinn verspra-

Kapitel 1

chen, aber jetzt schien der Weg noch schmaler zu werden. Jeden Tag wurden uns Teile unseres Lebens, die uns Hoffnung und Freude bereitet hatten, genommen, bis wir anfingen, uns gegenseitig anzuschauen und zu fragen: Was ist der Sinn?

Eine Freundin erzählte mir, dass sie sich nicht mehr dazu durchringen konnte, um einen professionellen Job zu kämpfen. Stattdessen hatte sie sich für mehrere unsichere Teilzeitjobs entschieden, die sie angenommen hatte, um die Miete bezahlen zu können. Es war nicht nur anstrengend, der Illusion einer Mittelklasse-Normalität nachzujagen, meine Freundin gab auch zu, dass es sich demoralisierend anfühlte, ein kapitalistisches System anzuheizen, das doch so offensichtlich versagt. Sie entschied sich, so wenig wie möglich zu arbeiten, um zu überleben und ihre Zeit mit anderen Dingen zu verbringen. Arbeit, Geld, Erfolg, der Traum von einer glitzernden Zukunft – all das hatte für sie keine logische Bedeutung mehr.

Bei so viel freier Zeit begannen sie und andere nach Möglichkeiten zu suchen, diese Zeit zu füllen. Zuerst backten sie, dann nahmen sie sich vor, sich weiterzubilden, eine Sprache zu lernen oder fit zu werden. Instagram wurde zu einer Variétéshow der schrägen Hobbys. Aber mit der Zeit fiel auch das weg, während die gleichen Fragen zurückkehrten: Was sollte das alles? Worauf haben wir uns vorbereitet?

Dann gingen die Bilder von George Floyds Ermordung um die Welt, und diese geriet in Aufruhr. Rund um den Globus gingen Aktivisten, die schon ihr ganzes Leben protestiert hatten, gemeinsam mit Demonstrations-Neulingen auf die Straße, um nicht nur Gerechtigkeit für Floyd, sondern auch eine Umstrukturierung (beziehungsweise Abschaffung) der herkömmlichen Polizeiarbeit zu fordern. Zuerst fragten sich die Leute, wie lange diese Aktion andauern würde. Viele prophezeiten, sie würde sich bald beruhigen und genau wie die Bewegungen »Time's Up« oder »Occupy Wall Street« zu einer weniger radikalen, handlicheren Version verblassen. Aber das tat diese Aktion nicht. Sie wurde größer und größer. Die Aufmerksamkeit und der Fokus blieben nicht nur bestehen, sondern erweiterten sich sogar. Andere Gruppen stellten ihren Umgang mit Schwarzen und indigenen Gemeinschaften sowie ihr Verhalten gegenüber People of Color insgesamt auf den Prüfstand.

Dort, wo ich in Melbourne lebe, jener Stadt, die in Australien am stärksten von der zweiten COVID-19-Welle betroffen war, haben die Menschen um mich herum beim zweiten Mal kein Brot mehr gebacken. Sie achteten darauf, wie sich das Virus und die daraus resultierenden Lockdowns auf die unterschiedlichen Bevölkerungsgruppen auswirkten, insbesondere beobachteten sie, wie die Bewohner von Sozialwohnungen weitaus härtere Restriktionen und übermäßige Polizeieinsätze über sich ergehen lassen mussten und deutlich weniger Unterstützung durch die Regierung erhielten.

Die Gesprächsthemen veränderten sich von »Was wird mit mir passieren?« zu »Was passiert mit ihnen?«. Die Menschen sprachen nicht mehr über ihre eigenen Jobaussichten oder

Kapitel 1

ihre Zukunft, sondern begannen vielmehr, die Sicherheit und das Wohl der Stadt insgesamt in den Blick zu nehmen. Als Berichte von den am stärksten betroffenen Bewohnern auftauchten, in denen beschrieben wurde, wie viele Menschen isoliert waren und keinen Zugang zu Lebensmitteln, Toilettenartikeln oder Medikamenten hatten, wurde die Stadt aktiv. Selbsthilfegruppen entstanden und wurden sofort mit Hilfsangeboten überschwemmt. Da so viele Menschen unterbeschäftigt oder arbeitslos waren, gab es keinen Mangel an Angeboten, Hilfsgüter zu beschaffen, zu verpacken und auszuliefern. Wer sich nicht persönlich engagieren wollte, ging online, um Petitionen zu unterzeichnen, Ressourcenpakete zu erstellen und zu verteilen, Politiker anzurufen, zu mailen und Spendenaktionen zu starten.

Mehr als einmal (zu Hause, aber auch in Übersee) fiel mir auf, dass viele Demonstranten, Freiwillige oder frischgebackene Aktivisten, nach ihrem Engagement für die Gemeinschaft und den Umbrüchen (im gesellschaftlichen Leben) befragt, stets dieselbe Antwort gaben: »Das ist jetzt mein Job.« Niemand wollte nach Hause gehen oder aufgeben, bevor wirkliche Veränderungen in Gang gesetzt, traditionelle Systeme zerstört und historische Macht gebrochen worden waren. Zum ersten Mal seit einer ganzen Weile entstand wieder das Gefühl, dass wir vielleicht etwas verändern und etwas Neues schaffen können.

Ein Nihilist weiß, dass die Dinge für uns als Individuen wahrscheinlich in nächster Zeit nicht besser werden. Nihilisten wissen, dass die Welt zu kaputt ist, um darauf zu hoffen, noch ein vernünftiges Stück davon abzubekommen. Aber die fröhlichen Nihilisten des 21. Jahrhunderts haben gezeigt, dass Nihilismus durchaus zum Handeln inspirieren kann und nicht zur Apathie auffordern muss. Denn bevor man wirklich motiviert sein kann, die Welt neu zu gestalten, muss man erst vollständig den Glauben an die alte verlieren.

[handschriftliche Notiz: radikaler Jugendwahn]

Kapitel 2

Die Falle der sinnvollen Arbeit

Wenn Menschen früher über den Sinn und die Orte sprachen, an denen sie danach suchten, dachten sie wahrscheinlich an Kirchen, Tempel, Bibliotheken, Salons, majestätische Berggipfel und stille Ecken, die zum Nachdenken und zu tiefen Gedanken einladen. Heute neigen wir dazu, Sinn in wesentlich tristeren Umgebungen zu suchen. Anstelle des Gartens von Epikur oder der Hütte von Thoreau haben wir Bürogebäude, Arbeitsplätze, Hot Desks und die vielen anderen schlecht beleuchteten Räume, wo wir unser Leben verbringen. So ungern man dies auch zugeben mag: Unsere Arbeitsplätze sind zum Ort unserer heikelsten und destruktivsten Verstrickungen mit dem Sinn geworden.

In der Theorie sind Jobs eine einfache Angelegenheit. Man taucht an einem bestimmten Ort auf, verrichtet eine Leistung, die einen Wert hat, und wird für diese wertvolle Leistung mit Geld belohnt, aber auch mit der Sicherheit, dass es den Job auch morgen noch gibt. Diese Kombination aus fairer Be-

Kapitel 2

zahlung und Stabilität soll ein Gefühl von Erfolg, Sicherheit, Selbstachtung und Gemeinschaftsgeist wecken.

Als Heranwachsende habe ich meine Eltern nie gefragt, was sie von ihren Jobs hielten, was sie ihnen bedeuteten oder wie sie sich dabei fühlten. Ich verstand ihre Arbeit als eine langweilige Notwendigkeit, die sie ertrugen, weil sie ihnen erlaubte, am Wochenende oder nachdem ich zu Bett gegangen war, Dingen nachzugehen, die sie glücklich machten. Ob jemand in der Industrie, im Service, im Management, im Content-Marketing, in der Landwirtschaft oder in der Informationstechnologie arbeitete: Ein Job war ein Job. Freunde, Familie, Natur, Musik, Essen, Hobbys und im Falle meines Vaters Bücher über historische Seeschlachten waren das eigentliche Leben.

Bei den Dinnerpartys meiner Eltern traf ich manchmal auf einen Erwachsenen, der bei der Erwähnung eines Chefs oder Mitarbeiters die Augen verdrehte, ansonsten aber war die Arbeit kein Thema, das in der Freizeit eine Rolle spielte. Ehrlich gesagt kann ich kaum sagen, was meine Eltern beruflich machten. Nicht, dass es mich nicht interessiert hätte. Ich kannte ihre Vorlieben, ihre Freunde aus der Kindheit, wusste, wie sie ihren Tee und Kaffee zu sich nahmen, aber die Feinheiten ihrer Jobs schienen einfach so weit entfernt von dem, was sie als Menschen ausmachte.

Vergleichen Sie diese engagierte, aber gedankenlose Berufsausübung mit der Art und Weise, wie so viele von uns heute über Beschäftigung denken, empfinden und sprechen.

Die Falle der sinnvollen Arbeit

In dem sehr beeindruckenden (zumindest dachte ich das) und sehr aufreibenden Job in den digitalen Medien, den ich im Alter von 24 bis 31 Jahren innehatte, arbeitete ich regelmäßig zwölf Stunden am Tag. Aber auch wenn ich nicht auf Arbeit war, war ich innerlich dort. Ich dachte und sprach ständig darüber. Alle wichtigen sozialen und Liebesbeziehungen in meinem Leben waren um meinen Job herum aufgebaut. Er hatte bei Weitem den größten Einfluss darauf, wie ich meine Zeit verbrachte, die Welt betrachtete, Beziehungen einging und mich selbst begriff. Meistens wachte ich nachts gegen drei Uhr auf, um meine E-Mails zu lesen, ohne dass ich dazu aufgefordert wurde. Manchmal schaffte ich es auch, dem Drang zu widerstehen, mein Smartphone in die Hand zu nehmen, aber ohne den Anblick seines blauen Lichts schlief ich selten wieder ein. Schließlich sagte mir ein Arzt, bei so viel Adrenalin im Körper könne ich gar nicht für längere Zeit bewusstlos sein. Mein Gehirn versuchte buchstäblich, mich aufzuwecken, damit ich wieder an die Arbeit gehen konnte.

Wenn ich Dinnerpartys gab, hatten sie eine deutlich andere Energie als die meiner Eltern. Jede einzelne Party verwandelte sich in eine Diskussion über Jobs, chronischen Stress und darüber, wie unglücklich wir alle waren. Nach einer Weile merkte ich, dass dies für die wenigen Gäste, die keine gestörte Beziehung zu ihrer Arbeit hatten, ziemlich deprimierend war. Anstatt das Gespräch aber umzulenken, lud ich diese Leute einfach nicht mehr ein. Es war kein Akt der

Kapitel 2

Böswilligkeit. Ganz im Gegenteil. Ich mochte sie nur zu sehr, um sie weiterhin dieser emotionalen Pestilenz auszusetzen.

Wenn man bedenkt, wie viel Zeit meines Lebens ich meinem Job gewidmet habe, sollte man meinen, dass er sehr wichtig oder sehr gut bezahlt gewesen wäre. Er war aber weder das eine noch das andere. Trotzdem war meine Beziehung zum Job so komplex und lähmend, wie die meiner Eltern zu ihrem Job unkompliziert und fruchtbar gewesen war. Ihre Jobs waren wie ein Wasserhahn, der einfach im Hintergrund lief und es ihnen ermöglichte, ein Leben zu führen, eine Familie zu gründen und gelegentlich einen preisgünstigen Urlaub zu machen. Als ich dreißig war, bot mein Job mir nicht einmal mehr die Illusion dieser Dinge. Dafür bescherte er mir einen unregelmäßigen Herzschlag, der sich anfühlte, als ob ein kleiner Vogel hinter meinen Rippen gefangen wäre.

Es ist viel darüber geschrieben worden, wie sich die Arbeitswelt seit dem Berufseintritt meiner Eltern verändert hat. Die Probleme, die zur Verschlechterung der Beschäftigungsmöglichkeiten geführt haben, sind gewaltig und komplex. Ich bin mir auch bewusst, wie sehr wir die scheinbar glatten Karrierewege unserer Vorfahren romantisieren. In Wahrheit waren die Dinge auch damals schon schwierig, als meine Eltern noch ihre schlichten Dinnerpartys gaben. Die Idee von solidem und verlässlichem Wohlstand hat sich in den letzten fünfzig Jahren abgenutzt, da Deregulierung, Globalisierung, eine immer stärker anschwellende Gig Economy und

Die Falle der sinnvollen Arbeit

schrumpfende Gewerkschaften den institutionellen Arbeitnehmerschutz ausgehöhlt haben.

Meine Eltern waren von diesen schrumpfenden Märkten, Unternehmenszusammenlegungen und dem Abbau von Industrien betroffen. Sie waren dadurch regelmäßig mit Arbeitslosigkeit und großer wirtschaftlicher Instabilität konfrontiert. Aber ihr Arbeitsstress schien nie von der gleichen existenziellen Angst geprägt gewesen zu sein wie meiner. Wenn man sie gefragt hätte, was sie wollten, wozu das alles gut sei, wäre ihre Antwort klar gewesen: Sie wollten ihr Leben genießen.

Hätte man mir die gleiche Frage gestellt, mitten in einer dieser Nächte, in denen ich E-Mails checkte und mein Herz und mein Verstand rasten, hätte ich nicht einmal gewusst, wie ich hätte beginnen sollen. Ich erkannte, dass die massiven Kräfte des Kapitalismus die Vorstellung davon, wie ein »stabiler Lebensunterhalt« für mich überhaupt aussehen könnte, ausgehöhlt hatten. Ich wusste, dass die ursprüngliche Beschäftigungsgleichung – man taucht an einem bestimmten Ort auf, verrichtet eine Dienstleistung, die einen bestimmten Wert hat, und wird für diese wertvolle Dienstleistung mit Geld und Sicherheit belohnt – weitgehend hinfällig war. Was könnte also an ihrer Stelle angeboten werden, das meine volle Aufmerksamkeit, Loyalität und mein Engagement beanspruchen und einen Großteil meines Lebens in Anspruch nehmen würde? Ganz einfach: Sinn.

Hier will ich einen Moment innehalten, um zwischen Bedeutung und Wert der Arbeit zu unterscheiden. Alle Jobs

Kapitel 2

haben einen Wert, zumindest ganz offensichtlich einige: Fachkräfte im Gesundheitswesen, Streetworker, Klempner, Menschenrechtsanwälte, Lehrer und so weiter. Aber auch die alltäglichsten Jobs spielen eine Rolle und sollten respektiert werden. Als Verkäuferin oder Kellnerin habe ich anderen geholfen, ein paar Momente der Freude in ihrem Tag zu finden. Als Redakteurin einer digitalen Publikation arbeitete ich an Inhalten, die Menschen zum Lachen und Nachdenken brachten. Während ich dieses Buch schrieb, arbeitete ich in Teilzeit für eine ethisch ausgerichtete Hundefutterfirma; es machte mich glücklich zu wissen, dass wir anderen dabei helfen, sich um ihre Haustiere zu kümmern. All diese Jobs bezahlten mich, und ich wiederum gab dieses Geld aus, um eine Wirtschaft zu stützen, welche die Bezahlung von anderen sowie Wachstum und Veränderung meiner geliebten Heimatstadt ermöglichte. Das Problem war aber, dass wir irgendwann das Gefühl hatten, dass »Wert« nicht wertvoll genug war.

In ihrem *BuzzFeed News*-Artikel »How Millennials Became the Burnout Generation« (der bei seiner Veröffentlichung in den blutunterlaufenen Augen aller, die ich kenne, zu einem sofortigen Klassiker wurde) hat Anne Helen Petersen die Erwartungen aufgeschlüsselt, die Millennials heute an ihre Jobs haben. Während sie immer noch auf eine »Beschäftigung hoffen, mit der ihre Eltern zufrieden sind (dauerhaft, anständig bezahlt, als ›guter Job‹ erkennbar)«, träumen sie zugleich von einer Arbeit, die »ihre Altersgenossen beeindruckt (in einem ›coolen‹ Unternehmen) und genau das erfüllt, was ih-

Die Falle der sinnvollen Arbeit

nen als Endziel all dieser Kindheitsoptimierungen vermittelt wurde: eine Arbeit zu tun, für die du dich begeisterst«.

Boomer schütteln angesichts der Idee, dass junge Menschen sich bei der Arbeit als etwas Besonderes fühlen müssen, nur den Kopf. Aber dieses Gefühl der Besonderheit ist manchmal schon alles, was die Arbeit uns bieten kann. Es ist verlockend, sich über die Sehnsucht nach einem Job, der etwas bedeutet, der Leidenschaft weckt und vielleicht auch ein wenig Neid hervorruft, lustig zu machen. Aber ist es wirklich so ungewöhnlich, dass eine Gruppe von Menschen, die begreift, dass die traditionellen Belohnungen für harte Arbeit immer schwerer zu erreichen sind, darauf hofft, mit etwas Entsprechendem aufwarten zu können?

Es wäre zu einfach zu behaupten, dass vor der globalen Finanzkrise jeder mit einem Schulabschluss direkt in einen dreißig Jahre währenden Job und eine sichere Hypothek marschiert ist. Aber der Weg zu einem »guten Leben« war früher zweifellos klarer. Die meisten Menschen, die ich kenne, haben sich damit abgefunden, dass viele Annehmlichkeiten einer idyllischen Mittelklasse-Existenz für uns heute nicht mehr verfügbar sind. Wir träumen nicht mehr von den Gärten unserer Eltern, von Freizeit oder Rentenfonds. Und weil diese früheren Annehmlichkeiten weggefallen sind, brauchen wir etwas, das uns aufrechterhält. Vor allem, da die Arbeit selbst immer wettbewerbsintensiver und anspruchsvoller wird. Mitten in der Nacht aufzuwachen, um E-Mails zu lesen, ist unerträglich, wenn Sie wissen, dass Sie dies nur tun, um in

Kapitel 2

den Augen eines Chefs, der dieses Opfer wahrscheinlich nie bemerken (oder sich darum kümmern) wird, einen winzigen Vorteil gegenüber Ihren ebenso überlasteten, unausgeschlafenen Kollegen zu erlangen. Aber wenn Sie sich sagen, dass Sie das tun, weil die Arbeit wichtig und sinnvoll ist und Sie im abstrakten Sinne wertvoller macht, vermindert das für einen Moment den Druck.

In meinem eigenen Leben begann ich zu beobachten, wie der Gedanke, dass mein Job sinnvoll wäre, mir erlaubte, meine Überarbeitung und Erschöpfung zum Fetisch zu erheben. Die langen Arbeitszeiten, die schlechte Bezahlung und die ausgeprägte Fähigkeit, wie ich es nannte, »Dreck zu fressen«, verwandelten sich von einer deprimierenden Realität in einen seltsamen Moment des Stolzes. Meine Fähigkeit, innerhalb einer demoralisierenden Arbeits-, Wirtschafts- und Beschäftigungswelt zu existieren, erschien zugleich als Zeichen meiner Stärke, Konzentration und Besonderheit. Im Gegenzug wurden meine Arbeits-Performance und der Stress zu einer eigenen Belohnung und Währung, zur Möglichkeit, anderen Leuten meinen Wert zu signalisieren. Wenn ich so gestresst war, musste ich ja etwas wirklich Wichtiges getan haben.

Dieses seltsame Gemisch aus »sinnvoller Arbeit«, Geschäftigkeit und Leistung sickerte in alle Bereiche meines Lebens ein. Die Zeit selbst wurde zu einer handelbaren Ressource, die immer für irgendetwas eingesetzt werden musste – zur Selbstverbesserung, zur Erkenntnis, zum finanziellen Gewinn, zur Effektivität, zur Optimierung –, um dann im Ge-

Die Falle der sinnvollen Arbeit

genzug zugleich auch als »sinnvoll« bezeichnet zu werden. Innerhalb einer Denkweise, in der Stress und Geschäftigkeit den Wert absteckten, galten ungenutzte Minuten als Verschwendung, und ich war nur so gut, wie ich produktiv war.

Jenny Odell untersuchte dieses Phänomen in ihrem Buch *How to Do Nothing: Resisting the Attention Economy* und stellte fest, dass »in einer Welt, in der unser Wert durch unsere Produktivität bestimmt wird, viele von uns feststellen, dass noch unser letztes bisschen Zeit von unseren täglich genutzten Technologien eingefangen, optimiert oder als finanzielle Ressource vereinnahmt wird«. In diese Falle tappte ich gerne und wurde zu einem treuen Jünger dessen, was Odell »kapitalistische Produktivität« nennt.

Selbst jetzt plane ich die meisten meiner wachen Stunden so, dass ich nicht nur Zeit für Meetings und Termine freihalte, sondern auch für scheinbar spontane Ereignisse wie »die Nachrichten lesen« oder »jemandem etwas Nettes sagen«. Ich verwende zwanghaft Apps, die verfolgen und messen, wie ich meinen Körper bewege, und analysieren, was ich kaufe, esse und online anschaue. Um sicherzugehen, dass ich nichts verpasse, trage ich seit Kurzem eine Smartwatch, die mir meine Herzfrequenz, Schrittanzahl und Zeit im Stehen anzeigt, außerdem das, was nur ungenau als »Bewegung« bezeichnet wird und was ich als verbrannte Kalorien interpretiere. Es ist erschreckend, aber auch seltsam aufregend, so viel über mich zu wissen, die Geheimnisse meines Körpers und Geistes einer numerischen Auswertung zu unterziehen und sie mir als Dia-

Kapitel 2

gramme und Ziele zu präsentieren. Es ist verführerisch, mitzuerleben, wie Sinn und Zweck, die einst so schwer fassbar und verwirrend waren, durch ein surrendes Gerät verdeutlicht und präsentiert werden, das mir sagt, dass ich aufstehen oder ein Glas Wasser trinken soll. Die größten Obsessionen des Lebens – wie ich glücklich, gesund und verantwortungsvoll mit meinem eigenen Körper umgehen kann – werden durch eine Push-Benachrichtigung versachlicht.

Ich bin mir ehrlich gesagt nicht sicher, was ich erreichen will, wenn ich meine Sonntage in Dreißig-Minuten-Abschnitte einteile oder mich mit Technik schmücke, die auf der Suche nach invasiven Daten meine Privatsphäre bedroht. Doch das Gefühl von Kontrolle und Macht, das diese Lebensart bietet, ist beruhigend. Wenn ich meine spärliche Freizeit mit demselben stählernen Engagement angehe, das ich auch bei der Arbeit an den Tag lege, habe ich das Gefühl, mein Leben richtig zu nutzen, indem ich keinen Moment vergeude. Selbst wenn ich mich durch banale Aufgaben wie das Zusammenlegen der Wäsche quäle, kann ich meinem Gehirn vorgaukeln, dass die Anstrengung sinnvoll ist, nur weil sie so intensiv erfasst und überwacht wird.

Dieser etwas dystopische Wunsch, uns in perfekte, optimierte, immer verfügbare Arbeiter zu verwandeln, hat den doppelten Effekt, uns auch zu perfekten Konsumenten zu machen (die Smartwatch hat übrigens 300 Dollar gekostet). Selbst jetzt, wo ich meinen stressigen Job aufgegeben habe, habe ich immer noch Probleme, nachts durchzuschlafen – et-

Die Falle der sinnvollen Arbeit

was, woran mich meine Uhr zwar oft erinnert, aber wenig dazu beiträgt, es zu ändern. Schlafmangel ist eine Nebenwirkung all dieser endlosen Optimierungen. Und er bietet auch die Gelegenheit, Geschäfte mit mir zu machen.

Es überrascht also nicht, dass ich oft müde aufwache und feststelle, dass mein üblicher Morgenkaffee mir nicht helfen kann. Also gehe ich in ein Café in der Nähe und kaufe mir einen zweiten Kaffee mit einer Kombination aus Pilzen, Wurzeln und Rinde, die verspricht, »geistige Ausdauer, Wachsamkeit und Konzentration zu unterstützen«. Er kostet acht Dollar. Wenn ich mich mittags immer noch nicht gut fühle, werfe ich eine grüne Brausetablette (14 Dollar für ein Röhrchen mit zehn Stück) in ein Glas Wasser. Das zischende Elixier enthält angeblich »acht echte Kräuter und nur zehn Kalorien, was ein gesundes Altern, bessere Durchblutung und Antioxidantien für eine strahlende Haut fördert«. Natürlich könnte ich einfach eine Schüssel Grünzeug kochen und essen, aber das würde Zeit kosten, die ich nicht erübrigen kann, besonders an einem Arbeitstag. Vor einer Weile fand ich mich bei Goop, einer Wellness- und Lifestyle-Website, wieder (sie haben eine Menge Inhalte zum Thema Schlaf), wo ich auf eine Packung mit vorselektierten und portionierten Vitaminen namens *Why Am I So Effing Tired?* stieß. Diese Mischung aus 90 Dollar teuren Nährstoffen wurde »entwickelt, um das Gleichgewicht in einem überforderten System zu unterstützen«. Neunzig Dollar sind für mich gleichbedeutend mit mehreren Stunden Arbeit. Mehrere Stunden voller

Kapitel 2

E-Mails, die ich zweifellos mitten in der Nacht lesen werde, die mein Gehirn rösten und mich zurück zum acht Dollar teuren, nach Staub schmeckenden Kaffee treiben.

Niemand versteht diesen seltsamen Tanz besser als Arianna Huffington, Gründerin und langjährige Chefredakteurin des Medien-Start-ups *Huffington Post*. In den letzten zehn Jahren hat sie ihren Fokus auf ein zweites Imperium gerichtet, das auf der Unfähigkeit der Millennials zur Entspannung aufbaut. Im Jahr 2010 wurde ihr TED-Talk »How to Succeed? Get More Sleep« im ganzen Netz verbreitet. Sechs Jahre später folgte dann ihr Buch *The Sleep Revolution*, und sie verkündete, dass sie die *Huffington Post* verlassen würde. Sie wollte sich auf ihr Gesundheits-Start-up *Thrive Global* konzentrieren, das sich speziell mit der Bekämpfung von Stress und Burn-out beschäftigt.

Das ist ein bewundernswerter Ehrgeiz, auch wenn er ein wenig durch die Tatsache getrübt wird, dass die *HuffPo* schon seit Langem mit dem Vorwurf konfrontiert ist, ein toxisches Arbeitsklima zu haben, unterbezahlte (beziehungsweise unbezahlte) Mitarbeiter zu beschäftigen und Erfinder einer Art von maximiertem Verbrennungsjournalismus zu sein, der junge Autoren zerstört und das Vertrauen in die Nachrichtenmedien allgemein untergräbt. Aber Ehre, wem Ehre gebührt: Zeigen Sie mir ein besseres Beispiel für »kapitalistische Produktivität« als den Aufbau einer Medienmarke auf dem Rücken unterbezahlter, überarbeiteter junger Content-Schöpfer, die sich in einem »sinnvollen« Job abrackern, von

Die Falle der sinnvollen Arbeit

dem sie glauben, dass er »einen wirklichen Beitrag leistet«, bis sie zusammenbrechen, woraufhin ihnen auch noch der Traum verkauft wird, endlich einzuschlafen.

Ich verstehe das. Ich suche nach einem Sinn, der das alles als lohnend erscheinen lässt, aber ich bin in einem System des Konsums gefangen, das von mir verlangt, mein hart verdientes Geld für teure Krücken auszugeben, damit ich mich in einer Welt, die mich wie eine Maschine behandelt, als Mensch fühle. Dieser Gedanke deprimiert mich, also erinnere ich mich selbst daran, dass meine Arbeit sinnvoll ist, und beginne den Kreislauf von vorne, nun noch ein wenig müder und ein wenig mehr pleite.

Ich beteilige mich nicht nur an diesem seltsamen Zyklus aus Arbeit, Zerstörung und Konsum, indem ich an den Mythos meines eigenen Stresses und des Wertes glaube, den er scheinbar signalisiert, sondern ich verstärke ihn auch noch aktiv. Beim Bummeln durch die Supermarktgänge trage ich Leggings, eine Laufjacke und eine Kappe, als ob ich es mir nicht leisten könnte, beim Griff nach einer Dose Kichererbsen auch nur eine Sekunde meiner wichtigen Zeit durch Windwiderstand zu verlieren.

Die Streiche, die wir uns selbst spielen, sind manchmal deprimierend, dabei aber immer verständlich. Der Mythos der Bedeutung ist verführerisch. Er verleiht den langweiligen oder stressigen Teilen unseres Lebens einen Sinn und bietet eine Möglichkeit, die härteren Realitäten unseres Arbeitslebens zu mildern. Wenn die Höhe Ihres Gehaltsschecks oder die Freude

Kapitel 2

an Ihrem Job nicht ausreicht, um Sie aus dem Bett zu holen, könnte zumindest der Traum von einer sinnvollen Tätigkeit dies bewirken. Aber die Gefahr dabei ist, dass diese Fantasien und die Tatsache, dass sie uns zu endloser Arbeit antreiben können, von Arbeitgebern als Waffe eingesetzt werden. Sinn, so viel Gewicht wir ihm auch beimessen, stellt ein ausgesprochen billiges Angebot dar: leicht unterbreitet und beworben. Aus diesem Grund ist er an vielen Arbeitsplätzen eine unschätzbare Währung.

Wir haben das wahrscheinlich alle schon einmal gesehen (oder erlebt): Ein (wahrscheinlich sehr junger) Mitarbeiter wird als wertvoll erkannt, sodass sich die Frage stellt, wie man solche Menschen fördert und motiviert, ohne ihnen mehr zu zahlen. Man erlaubt ihnen, sich der Fantasie ihrer eigenen Wichtigkeit, der Bedeutung ihrer Arbeit, ihres Einflusses, ihrer eigenen kulturellen Macht hinzugeben. Man hilft ihnen dabei, in ihrem eigenen Kopf, ihrem Leben und ihrer Karriere so groß zu erscheinen, dass sie keinen Raum mehr haben, um sich umzuschauen und zu fragen: Will ich das eigentlich? Ist das überhaupt gut für mich?

Ich habe an diesem Kapitel gearbeitet, als Apple seinen vieldiskutierten und kritisierten Werbespot »Working from Home« veröffentlichte. Er zeigt ein kleines Team, das versucht, die Balance zwischen Lebens- und Arbeitsstress während einer Pandemie mit erhöhtem familiärem Druck, einem soziopathischen Chef und einer wachsenden Menge unmöglicher Anforderungen zu halten. Anstatt ihrem Arbeitgeber

Die Falle der sinnvollen Arbeit

die Stirn zu bieten und ein System infrage zu stellen, in dem von ihnen verlangt wird, immer härter und mit immer weniger Zeit und Budget zu arbeiten, lässt sich die Gruppe in die Knie zwingen. Angeführt von einem völlig indoktrinierten und hyper-manischen Teamleiter finden sie neue und erfinderische Wege, um das Unmögliche möglich zu machen, ohne jemals die Logik dieses Wahnsinns infrage zu stellen oder zu erwarten, dass ihnen in irgendeiner Weise gedankt beziehungsweise ihr Einsatz belohnt wird.

Sie arbeiten, während sie essen, sich die Zähne putzen, sich um ihre Familie kümmern, Sport treiben, ihr Haus aufräumen und ihre Kinder ignorieren. Dieses Tempo wird bis in die Nacht aufrechterhalten und raubt ihnen den Schlaf und die Ruhe. Das große Fazit des Werbespots ist vermutlich, dass die Leute pünktlich fertig werden. Es soll angeblich lustig sein, eine Gruppe von Menschen dabei zu beobachten, wie sie ihr Leben dezimieren, um die Arbeit zu erledigen. In Wirklichkeit ist es zutiefst deprimierend, vor allem, wenn man erkennt, dass wir sie am Ende als Gewinner sehen sollen, die etwas Bedeutendes erreicht haben.

Ich habe mich in der Werbung wiedererkannt. Ich bin öfter in diese Falle getappt, als ich zugeben möchte. Ich wollte verzweifelt glauben, dass ich etwas Besonderes bin. Deshalb habe ich nie innegehalten, um nach dem Warum und Weshalb zu fragen oder mir einzugestehen, dass ich tief in mir wusste, dass ich zwar akzeptabel, aber auch unbestreitbar gewöhnlich bin. Es fühlte sich gut an, in das Narrativ zu schlüp-

Kapitel 2

fen, dass ich für große Dinge bestimmt wäre. Angetrieben von dem Gefühl, jemand zu sein, der etwas Bedeutendes zu bieten hat, und am Beginn zu einer noch undefinierten Größe zu stehen, kämpfte ich stoisch weiter. Ich arbeitete endlos für ein stagnierendes Gehalt, selbst als solidere Träume (ein eigenes Haus, eine Familie, ein Auto, das jünger war als ich) an mir vorüberzogen.

Wenn man über die Ausbeutung unserer Sehnsucht nach sinnvoller Arbeit spricht, kann man leicht den (verantwortlichen) Bösewicht als älteren, machiavellistischen Typ darstellen, der den weichgespülten Millennials, die sich verzweifelt wünschen, dass ihre Studienschulden einen Zweck haben, giftige Affirmationen ins Ohr flüstert. Aber der Erwerb von Bedeutung heißt nicht immer, dass man zur Beute wird, er birgt auch den Charme des Gauners in sich, der einen zum Raubtier macht.

Schaut man sich heute um, sind die kreativsten und erfolgreichsten Sinnvermittler am Arbeitsplatz keine Boomer-Bosse, die sich über unergonomische Schreibtische beugen und Ihnen erzählen, dass Ihre niedere Arbeit die Welt besser macht. Es sind von Glossier-Kosmetik glänzende, in Acne-Klamotten gekleidete, Veja-Schuhe und Le-Chiquito-Taschen tragende Gewinner, die hier verkünden, dass Ihr tägliches Pensum nicht nur ein Job ist, sondern ein Akt des Widerstands, der Rebellion, des Protests und der Selbstfürsorge.

Wenn man mit dem Trugschluss konfrontiert wird, dass Arbeit ein Ersatz für Religion / Identität / Gemeinschaft ist,

Die Falle der sinnvollen Arbeit

hat man mehrere Möglichkeiten: sich von dieser Arbeit verzehren zu lassen, sie abzulehnen und mit der existenziellen Leere zu rechnen, die sich dann auftut (mehr dazu später), oder sich »reinzuhängen«.

Stöbern Sie heute in einer Buchhandlung oder im Internet, werden Sie feststellen, dass die Abteilung für Selbsthilfe und persönliche Entwicklung immer größer wird. Es gibt immer noch die üblichen Texte über Yoga, Meditation, positives Denken und (hoffentlich auch) Nihilismus. Aber in zunehmendem Maße ist die Arbeit in die Texte eingedrungen, also das, wovor wir in diesem nach Weisheit duftenden Genre eigentlich fliehen sollten.

Diese Bücher tragen Titel wie *Work Wife: The Power of Female Friendship to Drive Successful Businesses* oder *Fearless & Fabulous: 10 Powerful Strategies for Getting Anything You Want* oder etwa *Style Your Mind for Success* und *Nice Girls Don't Get the Corner Office*. Ich habe keinen Zweifel daran, dass viele dieser Bücher wohldurchdachte Ratschläge anbieten, wie man die oben erwähnten Fallen der ausbeuterischen Arbeitskultur umgeht. Aber sie alle drehen sich um dieselbe Idee: Arbeit, richtig angepackt und ausgeführt, kann Sie glücklich machen. Die Sache ist nur: Um das zu erreichen, müssen Sie alles geben – sie müssen es leben, atmen und nahtlos in Ihr ganzes Leben integrieren.

Eine der berüchtigtsten Verfechterinnen dieser Art von »Leben ist Arbeit« / »Tu es und hol dir deinen Teil« ist die Gründerin von Nasty Gal und Girlboss Media, Sophia Amo-

Kapitel 2

ruso. Amorusos Karriere begann, als Nasty Gal nur ein eBay-Shop war, der (oft geklaute) Vintage-Kleidung verkaufte. In ihrem Buch *#GIRLBOSS* erklärt sie, dass sie gestohlen hat, weil ihr politisches Ethos zu der Zeit »sich nicht wirklich mit der Arbeit für einen Boss deckte«. Der Laden war ein Hit, und schon bald wurde Nasty Gal zu einem der am schnellsten wachsenden Unternehmen der Welt.

Im Jahr 2016 wurde Amoruso von *Forbes* zu einer der reichsten Selfmade-Frauen der Welt gekürt. Zu diesem Zeitpunkt hatte sie Nasty Gal eigentlich schon wieder verlassen, und inzwischen hat die Marke Insolvenz angemeldet. Aber das hat der Fantasie keinen Abbruch getan. Amoruso wurde immer noch als Paradebeispiel für Empowerment durch Kommerz gehandelt und erwies sich weiterhin als aalglatte Verfechterin eines feministisch geprägten Kapitalismus. Zur Erinnerung: 2015 wurde das Unternehmen verklagt, weil es angeblich Frauen feuerte, kurz bevor sie in den Mutterschaftsurlaub gehen wollten.

An anderer Stelle in *#GIRLBOSS* reflektiert Amoruso: »Ich bin in dem Glauben ins Erwachsenenalter eingetreten, dass der Kapitalismus Betrug ist, aber ich habe stattdessen herausgefunden, dass er eine Art von Alchemie ist.« Die zweite Art von Alchemie, die im Spiel war, war Bedeutung. In Kombination können sie unser Verlangen nach Konsum, Geldverdienen und Aufmerksamkeit in etwas Ansprechenderes verwandeln – in diesem Fall (und vielen anderen) in Handlungsfähigkeit.

Die Falle der sinnvollen Arbeit

Nach Nasty Gal gründete Amoruso die auf Frauen ausgerichtete Karriere-Networking-Website Girlboss, die behauptet, »eine Gemeinschaft starker, neugieriger und ehrgeiziger Frauen zu sein, die Erfolg zu ihren eigenen Bedingungen neu definieren. Wir hoffen, dass wir durch unsere Inhalte und Erfahrungen informieren, unterhalten und zum Handeln inspirieren können. Wir entschuldigen uns nicht für unsere Überzeugungen und Werte, nämlich Mädchen und Frauen zu unterstützen, die große und kleine Träume ohne Scham und Ausreden verfolgen.«

Ich bin mir immer noch nicht ganz sicher, was dieses Sammelsurium an LinkedIn-Schlagwörtern aussagt, aber ich sehe darin eine neue Form des persönlichen Konzepts. Eines, das den Wunsch, erfolgreich und vermutlich wohlhabend zu sein (was an sich verständlich ist), als einen sozialen, gemeinschaftsorientierten, sinnvollen Akt darstellt.

Ein schöner Aspekt dieser Version der Sinnsuche durch Arbeit ist, dass man dadurch vielleicht (Betonung auf vielleicht) tatsächlich reich wird. Aber es hat noch einen weiteren Vorteil: Es erlaubt uns, die Welt so zu sehen, wie wir sie gerne hätten. Uns ein Leben vorzustellen, in dem Erfolg und persönliches Vorankommen noch einem höheren, edlen Zweck dienen können. Genau das ist es, was Facebooks Chief Operating Officer, Sheryl Sandberg, in ihrem Buch und ihrer Online-Community (so viele Online-Communitys) *Lean In: Frauen und der Wille zum Erfolg* predigt. In ihrem Artikel »The End of the Girlboss Is Here«, erschienen in der

Kapitel 2

Zeitschrift *Medium*, denkt Leigh Stein über den einzigartigen Kunstgriff nach, der Arbeit mit Sinn verbinden soll. Insbesondere mit Blick auf Sandbergs Buch präsentiert sie diese merkwürdige Kombination aus »wachem Kapitalismus« und sozialer Gerechtigkeit: »*Lean In* bot einen Fahrplan für den Erfolg am Arbeitsplatz durch das Medium der Selbstverbesserung. Sandberg ging es nie darum, das System zu demontieren, sondern darum, innerhalb des Systems zu brillieren. Indem sie die Ungleichheiten zwischen den Geschlechtern am Arbeitsplatz als Krieg darstellte, der auf persönlicher Ebene geführt werden muss, gab Sandberg den Frauen das Gefühl, Aktivistinnen zu sein, wenn sie sich für sich selbst einsetzten.«

Dieser Impuls von Sandberg, Amoruso und so vielen anderen ist verständlich und auch ansprechend. Wenn wir über die Sinnfindung in der Arbeit sprechen, erforschen wir sie natürlich aus einer einzigartigen, persönlichen Perspektive. Was wird dieser Job mir versprechen, für mich erreichen oder mir liefern? Der Mythos vom Sinn in der Arbeit bietet ein seltsames Schlupfloch, das es uns erlaubt, nach Geld, Erfolg und Macht zu jagen, während wir immer noch das warme, flauschige Gefühl haben, das kapitalistische System abzulehnen, das ganze Generationen in die Knie gezwungen hat. Im Grunde genommen stimmt es: Sie können schöne Dinge haben *und* aktivistische Sprüche auf Ihrem Instagram-Feed teilen.

Aber irgendjemand zahlt am Ende immer dafür. Selbst wenn wir (und mit »wir« meine ich einige wenige) es schaffen, uns durch den Sumpf der »sinnvollen Arbeit« zu manövrieren, ohne persönlich ausgebeutet zu werden, wird jemand anders das nicht schaffen. Dieses System, an Sinn und Zweck zu glauben, sich ausnutzen zu lassen (oder andere auszunutzen), funktioniert nur, weil es sich auf diesen besonders empfindsamen Teil von uns stützt, der sich danach sehnt, als etwas Besonderes wahrgenommen zu werden. Ist es aber nicht genau das, was Bedeutung letztlich suggeriert: dass man sich auf einem einzigartigen Weg befindet und für etwas Außergewöhnliches bestimmt ist? Der Gedanke, etwas Besonderes zu sein, soll einem ein gutes Gefühl vermitteln, aber wenn man ihn auslebt, macht er einen auch zu einem Arschloch.

Die ganze Zeit zu arbeiten, kaum zu schlafen und den Körper wie eine zerbrechliche exotische Pflanze zu behandeln, die vor einem Heizlüfter mühsam am Leben gehalten wird, macht die alltäglichsten Dinge unseres Lebens unmöglich: Wir haben keine Zeit zu kochen, einzukaufen, zu putzen, soziale Kontakte zu knüpfen oder zu entscheiden, was wir im Fernsehen sehen wollen. Die einzige Möglichkeit, diese elementaren Aufgaben zu erledigen, ist die Teilnahme an neuen Ökonomien der Bequemlichkeit, die für unsere ausgebrannten Gehirne entworfen wurden, um uns Illusionen über das wirkliche Leben vorzugaukeln, das wir verpassen, während wir so hart für eine magische zukünftige Existenz arbeiten.

Natürlich können Sie nicht Ihre kostbare, wertvolle Zeit an einem Abend mit einem Glas Wein und einem langsam gekochten Risotto verschwenden, also kommt eine Lieferbox

Kapitel 2

voller vorgeschnittenem, in Plastik verpacktem und über weite Strecken verschicktem Gemüse ins Haus. Wenn Sie keine Zeit zum Einkaufen haben, lassen Sie Amazon den Einkauf so mühelos erledigen, dass Sie schon bald nicht mehr in der Lage sind, wie früher fünfzehn Minuten lang gedankenlos in einem Geschäft zu stöbern. Für unsere Eltern hätte diese Art von Unterstützung exorbitant teure Dienstleistungen wie Köche, Assistenten, persönliche Einkäufer und Fahrer erfordert. Egal, welcher Generation man angehört, für die breite Masse ist das nicht bezahlbar. Damit wir diese Dienste also weiterhin nutzen und dadurch weiterhin arbeiten können, müssen sie sehr billig werden.

An allen Ecken und Kanten wird gespart. Der Lieferfahrer arbeitet ohne Versicherung, der Lagerarbeiter ohne Pausen (oder neuerdings ohne persönliche Schutzausrüstung), die Mitarbeiterin in der Mitfahrzentrale ohne Mutterschaftsurlaub. Perspektivisch betrachtet wissen wir, dass dies alles falsch ist. Wie können wir es also hinnehmen? Wir tun es, indem wir glauben, dass wir etwas Besonderes sind, dass unsere Arbeit sinnvoll und wichtig ist und mit allen Mitteln erledigt werden muss (genau wie diese armen Schlucker in der Apple-Werbung). Wir sind darauf konditioniert, nicht an das Leben des Fahrers zu denken, der uns morgens um acht Uhr zu einem Meeting abholt, weil die Bedeutung, die wir an unsere Arbeit geknüpft haben, uns in unserem eigenen Kopf zu solch gigantischer Größe aufbläht, dass wir nicht mehr den Blick für andere haben.

Die Falle der sinnvollen Arbeit

Wir glauben, dass Arbeit uns wertvoll macht, uns einen Sinn gibt, also heißen wir sie bei uns zu Hause willkommen, als würde sie uns Festigkeit verleihen. Wer sind Sie ohne einen konstanten Fluss von E-Mails? Oder einen ständigen Strom von Beschwerden über E-Mails? Gestresst zu sein bedeutet, uns daran zu erinnern, dass wir existieren, dass wir wichtig sind, dass jemand etwas von uns will, selbst wenn es mehr ist, als wir geben können.

Unsere Jobs verzehren uns, weil sie wichtig sind, und sie sind wichtig, weil sie uns verzehren. Einen Schritt zurückzutreten und eine andere, nihilistischere Realität anzuregen, würde bedeuten, unsere gesamte berufliche Existenz als Farce zu begreifen. Es bricht einem das Herz, wenn man bedenkt, dass wir darauf hereingefallen sind, so viel von unserem Leben zu vergeuden. Also machen wir weiter, graben uns noch tiefer ein, suchen nach etwas, das uns das Gefühl gibt, dass sich das alles lohnt. Denn jetzt aufzuhören, scheint das Verrückteste von allem zu sein.

Das war so, bis COVID-19 kam. Zu behaupten, dass es erst einer Krankheit bedurfte – die zum Zeitpunkt dieser Niederschrift über 80 Millionen Menschen infiziert, fast 2 Millionen getötet und die Weltwirtschaft zum Stillstand gebracht hat –, um uns den Sinn unserer endlosen Arbeit infrage stellen zu lassen, fühlt sich etwas oberflächlich an. Aber genau das tat diese Pandemie.

Das Virus hat ganze Städte in den Lockdown geschickt, einen Großteil der Reisebranche, des Gastgewerbes und des

Kapitel 2

Einzelhandels gelähmt, die Arbeitslosenzahlen in die Höhe getrieben und Millionen von Menschen zu Hause festgenagelt, sodass viele von uns in einer seltsamen neuen Halbwertszeit gestrandet sind, in der die Zeit nicht mehr durch Erfolge oder Enttäuschungen gekennzeichnet ist. Social-Media-Posts über Workouts, Nebenjobs und Nachtschichten wurden durch Fotos von Strickprojekten und geschmeidiger werdenden Körpern ersetzt. Für diejenigen von uns, die nicht an vorderster Front arbeiteten und die lebenswichtige (und landesrettende) Aufgabe übernahmen, unsere Städte offen und unsere Körper gesund zu halten, wurde die Welt über Nacht sowohl viel größer als auch viel kleiner.

Unsere Existenzen, die sich früher über Arbeitsplätze, Vorstädte und die Körper anderer Menschen erstreckten, schrumpften auf die Quadratmeterzahl unserer Wohnungen zusammen. Derweil dehnten sich unsere Köpfe – die noch vor Kurzem voll mit Gedanken an uns selbst und unsere eigene Arbeit waren – exponentiell aus, um ein einmaliges Ereignis zu verdauen.

Mit am seltsamsten für mich war dabei, wie wir anfangs alle versuchten, unsere Vorstellungen von Arbeit, Bedeutung und Potenzial auf den Lockdown anzuwenden. Wir trugen unseren Schwung – etwas leisten zu müssen, produktiv zu sein, Aufgaben zu erledigen – blind in die stressigste Zeit unseres Lebens hinein und dachten, das würde helfen. Zuerst versprach jeder, die zusätzliche Zeit produktiv zu nutzen, indem er oder sie sich vornahm, bis zum Ende des Lockdowns

Die Falle der sinnvollen Arbeit

ein Buch, eine fertige Doktorarbeit oder die Fähigkeit, fünf Kilometer zu laufen, vorweisen zu können. Wir forderten uns gegenseitig zum Sport auf, kochten komplexe und fotogene Kaffees und plünderten Baumärkte für Heimwerkerprojekte. Diese Gewohnheiten waren so tief verwurzelt, dass wir selbst bei dem, was salopp »das Ende der Welt« genannt wurde, als kapitalistische Arbeitsbienen auftraten.

Aber bald wurde auch das zunichtegemacht, als das Narrativ, das wir internalisiert hatten und wonach wir hyper-optimierte Maschinen seien, schließlich versagte. Die Bedeutung, die wir suchten und mit unseren Jobs verbanden und die es anderen Menschen erlaubte, uns auszubeuten, und uns selbst wiederum, andere auszubeuten, fühlte sich leer und billig an. Unsere Emotionen, Angst, Erschöpfung, drückten uns nieder. Wir stießen an die Grenzen der Optimierung und erinnerten uns daran, dass wir doch nur fragile Menschen sind.

Ich will ehrlich zu Ihnen sein. Beim Schreiben dieses Kapitels fühlte ich mich wahnsinnig. An meinem Schreibtisch zu sitzen und zu katalogisieren, wie ich zu der Art Mensch geworden bin, der seinen Körper durch Arbeit zerstört, ihn danach mit gut vermarkteter Selbstfürsorge wieder zusammenflickt und glaubt, dass seine Einzigartigkeit sein Verhalten erhaben statt wichtigtuerisch macht, und außerdem dafür sorgt, dass alle seine psychotischen Handlungen auf einer teuren Uhr protokolliert werden, die jede seiner Bewegungen verfolgt und meldet – all das ist mehr als dystopisch. Ich verstehe das sehr wohl.

Kapitel 2

Aber lange Zeit erschien mir die Alternative noch schrecklicher. Vor ein paar Jahren, als ich in meinen frühen Zwanzigern war und zum ersten Mal in eine brodelnde, stressige Arbeitskultur eintauchte, die schließlich auch überkochen sollte, schlug mein Freund vor, dass ich meinen Job kündigen sollte. Er sah, dass dieser Job mich unglücklich machte, und fragte sich, was das für einen Sinn hätte. Ich war entsetzt und beleidigt über den Gedanken. Ich konnte nicht glauben, dass er auch nur einen Moment lang dachte, dass mein Job – der, um das klarzustellen, ein Einstiegsjob in der Medienbranche war, also hauptsächlich aus Redigieren, Verwalten und dem Schreiben von gelegentlichen Newslettern bestand – nicht lebensnotwendig sei.

Ich hatte bereits begonnen, den Mythos von der Bedeutung der Arbeit zu glauben, und nahm gerne das Lob von Leuten an, die mir versicherten, dass ich, obwohl sie mir nur niedere Aufgaben und einen Mindestlohn geben konnten, eindeutig eine ganz besondere und seltene Spezies war.

Die Wahrheit, die ich mir erst fast ein Jahrzehnt später selbst eingestehen konnte, war, dass ich außer diesem Job nichts anderes in meinem Leben hatte. Es war leicht, der Illusion zu verfallen, dass der Job wichtig und besonders war, weil ich mich so sehr nach diesem Gefühl sehnte, dass etwas an mir wichtig war. In Wirklichkeit war mein Job aber nicht wichtig, und ich auch nicht.

Daran erinnerte ich mich vor Kurzem, als ich einen Artikel eines ehemaligen Kollegen las. In seinem *VICE*-Artikel

Die Falle der sinnvollen Arbeit

»Maybe Your Big Dream Is Making You Unhappy« schrieb der sehr talentierte Julian Morgans: »Kennen Sie diese Dokumentarfilme über das Universum, darüber, wie groß alles ist? Die gehen so: Alles im Weltall ist so groß, dass dein Gehirn es nicht einmal verstehen kann. Alles im Weltall wird dich umbringen. Nichts im Weltall kümmert sich um dich oder gar um sich selbst. Das Chaos ist die einzige Konstante im Weltraum.

Ich finde diese Dokumentarfilme schwer auszuhalten. Sie erinnern mich daran, dass wir uns nur auf einem kleinen Felsen im Weltraum befinden und dass alles, was uns wichtig scheint, tatsächlich nur winzig und unbedeutend ist, und das einzige Gegenmittel, das mir zu dieser kosmischen Bedeutungslosigkeit einfällt, ist eine illustre Karriere. Es klingt lächerlich, aber die Leere des Weltraums weckt in mir den Wunsch, meine Spuren zu hinterlassen. Nicht um meiner selbst willen, sondern weil Irrelevanz an sich beängstigend ist. Hier auf der Erde wahrgenommen zu werden, fühlt sich ein bisschen so an, als würde ich meinen Namen in einen großen Baum ritzen. Es ist eine Art zu signalisieren: Ich war kurz mal hier.«

Ich kann das Gefühl, dass ein Job einen an die Existenz fesseln könnte, nachvollziehen, aber die fröhliche Nihilistin in mir widerspricht dem mit gebührendem Respekt. Einen Job im Kontext des Universums zu sehen, muss nicht demoralisierend sein, es kann auch befreiend sein. Der einzige Weg, mit den giftigen Mythen über uns selbst und unsere Arbeit

Kapitel 2

zu brechen, besteht darin, sich der nihilistischen Tatsache zu stellen, dass alles letztlich bedeutungslos ist. Nichts, was Sie jemals in diesem Leben tun, wird es Ihnen erlauben, endgültig zu sagen: Ich war hier. Ihre Arbeit, selbst wenn sie wirklich brillant ist, wird irgendwann mit der Zeit vergessen sein. Und selbst wenn sie es nicht ist, werden Sie sowieso nicht da sein, um die entsprechende Aufmerksamkeit zu genießen. Diese Zukunft, für die Sie arbeiten, ist eine Illusion, die Sie von der Gegenwart abzieht, die Sie bereits so glücklich genießen könnten.

Seit Kurzem blättere ich wieder in meinem Tagebuch und wundere mich über Dinge, die mich früher gestört haben: Druck, Erwartungen, beiläufige Kommentare von Kollegen. Meine Träume waren endlos und undefiniert; ich hatte eine gewaltige Gier nach Aufmerksamkeit, Reichtum, Lob, und ich war von der Vorstellung erfüllt, dass ich im Zentrum von allem stehe. Jetzt mache ich mir Gedanken über Leben und Tod, träume davon, eine sorgfältig ausgewählte Birne zu essen oder meine Maske abzunehmen, wenn ich nach Hause komme. COVID zeigte uns, wie formbar unsere Vorstellungen von Vergnügen und Schmerz sind. Dieses Virus regte zu echtem Nachdenken darüber an, was wir tatsächlich wertschätzen.

Heutzutage stelle ich mir andere Fragen. Geht es mir gut? Habe ich, was ich brauche? Was ist mit den Menschen, die ich liebe? Im Gegensatz zu dem, was die Leute früher vom Nihilismus dachten, hat mein Loslassen der Bedeutung meine

Die Falle der sinnvollen Arbeit

Gedanken von Aufmerksamkeit und Belohnung auf Gemeinschaft und Familie, Gesundheit und Sicherheit gelenkt. Meine Energie zentriert sich nicht um mich selbst, sondern verteilt sich auf die Bereiche, für die ich früher keine Zeit fand. Ich rufe meine Mutter an, spende das Geld, das ich entbehren kann, mache bei Querfeldeinläufen mit und fühle mich glücklich – nicht, weil ich etwas Besonderes bin, sondern weil ich es eben nicht bin. Ich bin nur ein Körper, der sich durch den Raum bewegt. Das Einzige, was existiert, ist der Moment, in dem ich gerade bin. Ich weiß, dass ich keine Kontrolle über ihn habe, also zähle ich ihn nicht, weise ihm keinen Wert zu und behaupte auch nicht, dass er zu etwas Größerem wird. Er wird schnell vergehen und nie wiederkehren. Ich genieße ihn so gut ich kann und lasse ihn gehen.

Uns wurde gesagt, dass unsere Arbeit bedeutungsvoll sei, dass unsere Jobs uns besser machen, uns retten, uns zu ganzen Menschen machen würden. Aber wenn der fröhliche Nihilismus den Fokus davon abzieht, sehen wir, wie eine neue Realität Gestalt annimmt. Eine, in der weniger auf dem Spiel steht, in der Freude ihren Platz hat und in der es einfachere Antworten und erreichbare Ziele gibt. Sinn wird nie erreicht werden, denn es gibt ihn nicht. Aber Respekt, Fürsorge, Freude, Raum, eine wohlschmeckende Birne, ein Telefonat mit einem geliebten Menschen, eine Tat, um einem anderen Menschen zu helfen – all das ist jetzt verfügbar. Es bietet keine mystische Belohnung, bei der Sie Ihren Körper oder Ihren Geist aufgeben und sich auf ein Teufelsgeschäft einlassen

Kapitel 2

müssen. Es bedeutet nur, dass Sie aufhören müssen, darüber nachzudenken, was sein könnte, und sich die Zeit nehmen, die Ekstase in dem zu sehen, was bereits ist.

uralte Erkenntnis:
Carpe diem

Kapitel 3
Die fröhliche Nihilistin ist verliebt

Das erste Mal wurde ich mir unserer kollektiven und völlig vereinnahmenden Fixierung auf die romantische Liebe durch Musik bewusst. Immer wenn ich von der Grundschule nach Hause gefahren wurde, war das Radio auf Classic FM eingestellt, sodass ich Männern und Frauen jahrzehnte- und genreübergreifend dabei zuhörte, wie sie die Liebe beklagten und feierten. Lied für Lied, Tag für Tag, Jahr für Jahr: Es war immer die gleiche Geschichte. Meinem erstarrenden vorpubertären Gehirn kam das ein wenig übertrieben vor.

Sicher, ein paar Lieder machten wohl Sinn. In vielerlei Hinsicht ist die romantische Liebe ja das erste Bedeutungssystem, das uns beigebracht wird. Bevor wir die spröden Konzepte von Theologie, Moral und Wert begreifen, kennen wir bereits die Liebe. Wir begehren sie, wir schenken sie, sind von ihr besessen und werden von ihr aufgezehrt, was uns glücklich stimmt. Mit etwa neun Jahren war ich durchaus empfänglich für frühe Anwandlungen von Liebe. Ich verstand, dass sie

Kapitel 3

meine Eltern fesselte, Disney-Filme inspirierte und schließlich die Grenze zu meinem eigenen Eintritt in das Land der Erwachsenen bilden sollte. Da ich bereits die Fähigkeit besaß, mich in eine Trauerweide zu verlieben, wenn sie mir nur den richtigen Ausdruck präsentierte, hatte ich nicht das Gefühl, ich sei über die Liebe erhaben. Aber selbst mein enges Leben, das dadurch begrenzt war, wie weit ich mit dem Fahrrad fahren konnte, ohne in Schwierigkeiten zu geraten, präsentierte mir noch andere, ebenso verwirrende und quälende Gefühle. Die Tage waren voll (und ich meine wirklich voll) von Eifersucht, Bedauern, Freude, Angst, Wut, Hochgefühl, Wehmut, Nostalgie, Hoffnung und Langeweile. Ich hatte noch nicht einmal die Erlaubnis, in der Schule mit dem Füller zu schreiben, und wurde schon von vielen Gefühlen überflutet. Diese Leute im Radio, die in alle Geheimnisse der Erwachsenenwelt eingeweiht waren, hatten doch sicher noch etwas anderes, worüber sie reden konnten?

Schließlich fragte ich meine Mutter, warum die Leute ein so großes Interesse hätten, Liebeslieder zu schreiben. Nach einer kurzen Pause meinte sie: »Die Menschen haben viele Gefühle, was die Liebe angeht. Sie ist schließlich die wichtigste Sache der Welt.«

Wichtig ist ein ziemlich subjektiver Begriff. Aber man kann den Einfluss der Liebe nicht leugnen. Seit Jahrhunderten hat sie durch Kunst, Medien und Konsumgewohnheiten unsere Aufmerksamkeit in eine bestimmte Richtung gelenkt und uns ein grundlegendes Verständnis unserer selbst dik-

Die fröhliche Nihilistin ist verliebt

tiert. Aber im Gegensatz zu anderen Bedeutungssystemen wie Arbeit oder Religion kritisieren wir unser Konzept von Liebe nur sehr unwillig und geben sogar zu, dass unsere Besessenheit von ihr uns unglücklich macht.

Man kann es den Songwritern (oder meiner Mutter) kaum verübeln, dass sie sich von der kosmischen Größe und der tröstlichen Fantasie der Liebe mitreißen lassen. Die Vorstellung, dass wir durch sie geistig definiert und sogar körperlich beeinflusst werden, ist uralt. Der griechische Philosoph Empedokles schrieb im fünften Jahrhundert vor Christus, dass die Welt aus vier ursprünglichen Elementen – Luft, Erde, Feuer und Wasser – besteht, die von der Liebe angezogen und miteinander verschmolzen würden. Platon führte die Idee der bestimmenden Wirkung der Liebe auf unser Leben, unseren Körper und unsere Seele noch weiter aus. Im *Symposion* präsentierte er den Mythos des Aristophanes: die Gründungsparabel der vorherbestimmten Liebe.

Diese Darstellung besagt, dass die Menschen am Anfang rund waren wie Planeten und vier Arme, vier Beine und zwei Gesichter auf den gegenüberliegenden Seiten ihrer Köpfe hatten. Es gab drei Geschlechter: eines, das aus zwei männlichen Körpern bestand und von der Sonne abstammte; eines, das aus zwei weiblichen Körpern bestand und von der Erde abstammte; eines, das aus einem weiblichen und einem männlichen Körper bestand und vom Mond abstammte. Diese unorthodoxe Anlage erwies sich als großer Erfolg. Die Menschen waren glücklich, erfüllt und leistungsfähig. Sie konn-

Kapitel 3

ten rückwärts und vorwärts laufen, Rad schlagen und in eleganten Kreisen purzeln – was offenbar eine tolle Sache war. Die Dinge liefen für diese fleischigen, vielgliedrigen Kugeln so gut, dass die Götter sie allmählich als Bedrohung ansahen und befürchteten, sie würden sie herausfordern und ihren eigenen Anteil am Himmel beanspruchen. Zeus, König der Götter und Menschen, beschloss, künftige Putsche zu verhindern, indem er die Menschen in zwei Hälften teilte, »wie die Frucht einer Eberesche, die man zum Einlegen halbiert«.

Verständlicherweise war diese Trennung körperlich und seelisch qualvoll. Die vollkommen zufriedenen und aufeinander abgestimmten Paare fanden sich zum ersten Mal getrennt wieder. Von da an waren sie dazu verdammt, nach ihrer anderen Hälfte zu suchen, in der Hoffnung, sich neu zusammenzufügen und in ihren vorherigen Zustand zurückzukehren. Nur wenn sie mit ihrem verlorenen Partner wieder vereint wären, würden sie wahre Liebe und Kameradschaft erfahren. Ihr Trauma kann als Keim für unsere eigene besessene Suche nach einem »Seelenverwandten« angesehen werden. Ohne diese mythische andere Hälfte zu existieren, bedeutet, abgetrennt, verwundet und unvollständig zu bleiben. Seitdem hat sich die Liebe als einer unserer Lieblingsorte für die Suche nach Sinn und Erfüllung erwiesen. Obwohl im Laufe der Jahrhunderte unsere Erwartungen an deren Bedeutung exponentiell gestiegen sind.

Sinn und Zweck sind komplexe, nicht feststehende Ideen. Aber eine Konstante dabei ist, dass sie als Folien im Hinter-

Die fröhliche Nihilistin ist verliebt

grund existieren, um unser tägliches Leben erträglicher zu machen. Zu glauben, dass das Leben – und unser Platz darin – einen größeren Sinn hat, ist gleichbedeutend mit dem Wunsch, dass all der Schmerz und das Leid, die wir täglich erleben, letztendlich für etwas gut sind. Aber die Liebe unterscheidet sich von anderen Sinnsystemen durch das, was sie verspricht. Sie versucht nicht, dieses Narrativ zurechtzurücken, damit sich die Hässlichkeit des Lebens ein wenig leichter oder sinnvoller anfühlt. Die Liebe verspricht, das Leben selbst zu verändern.

Jede neue Liebe ist ein neuer Anfang, eine Chance, uns selbst neu zu erschaffen und genau so gesehen und erkannt zu werden, wie wir sein wollen. Einmal, mitten im süßesten Hochgefühl einer neuen Beziehung, stürzte ich mich mit all der Aufregung einer frisch Verliebten in die Arbeit. Zu der Zeit war ich Verkäuferin im Einzelhandel. Der Job war langweilig und eintönig, und es war allgemein bekannt, dass ich ihn ungern tat. All diese Stunden, in denen ich auf schöne Menschen und schöne Kleider starrte, ließen mich normalerweise erschöpft und hässlich fühlen. Aber an diesem Tag war etwas anders. Zwanglos unterhielt ich mich mit den Kunden, der Betonboden zerrte nicht an meiner Lendenwirbelsäule, und die grelle Deckenbeleuchtung konnte meine geröteten Wangen nicht weißwaschen. Als ich mich in einem wenig schmeichelhaften Ganzkörperspiegel betrachtete, sah ich nicht das übliche Bild – Augenringe, fleckige Haut und fettiges Haar. Ich sah mich durch die Augen der Person, die

Kapitel 3

mich liebte. Für einen Moment wurde ich in ihrer (weitaus nachsichtigeren) Vision neu erschaffen. Als ich an einer Mitarbeiterin vorüberging, bemerkte sie: »Oh, du hast so eine Liebes-Aura.« Sie hatte recht. Ich fühlte mich großartig, wie eine überdurchschnittlich fähige, charismatische, wertvollere Version meiner selbst.

Diese Art der Verwandlung war mir schon früher möglich gewesen. Gebet, Meditation, Arbeit und Therapie sind allesamt Wege zur Selbstakzeptanz und Besserung. Aber sie bedeuten auch eine Menge Anstrengung. Im Vergleich dazu ist es einfach, sich zu verlieben. In wenigen Wochen hatte mir der lüsterne, bewundernde Blick eines anderen Menschen ein Gefühl der Befriedigung gegeben, das allein zu erreichen (eventuell) Jahre der Therapie erfordern würde. Es fühlte sich an wie eine Abkürzung auf dem Weg zur Selbsterkenntnis. Gibt es auf die ewige Frage »Wer bin ich?« eine ansprechendere Antwort als »Ich werde geliebt«?

Geliebt zu werden bedeutet zu existieren, bedeutungsvoll zu sein, einen Zweck zu haben – selbst wenn dieser Zweck darin besteht, ein Objekt der Begierde eines anderen zu sein. Das ist natürlich nicht der einzige Trick der Liebe. Genauso wie die Liebe unser Selbstgefühl verändert, verändert sie auch unsere allgemeine Wahrnehmung der Realität und lässt *alles* zu etwas Besonderem werden. Wer ist nicht schon einmal verliebt die Straße entlanggelaufen und war sich sicher, dass die Luft noch nie so frisch, die Sonne noch nie so hell und die Menschen, die einem entgegenkamen, noch nie so

Die fröhliche Nihilistin ist verliebt

schön waren? Die Schriftstellerin Louisa May Alcott bemerkte in *Little Women*: »Liebe ist ein großer Verschönerer.« Sie zeigt, wie leicht formbar Bedeutung sein kann, indem sie alles sinnvoll erscheinen lässt.

Selbst eine vergebliche oder unerwiderte Liebe kann so etwas bewirken. Laura Ashe, außerordentliche Professorin für Englisch am Worcester College in Oxford, schreibt im Oxford Arts Blog über unsere anhaltende Faszination für traurige Liebesgeschichten: »In einer tragischen Geschichte wird der Kummer zu einem bedeutungsvollen Muster, sogar zu etwas Schönem. Wenn man zugesteht, dass Schmerz in der Literatur tiefgründig sein kann, schafft das einen Raum, in dem die eigenen Emotionen sinnvoll und nicht chaotisch erscheinen.« Welches andere Sinnsystem bietet einen solchen goldenen Rettungsschirm? Selbst wenn sie scheitert, lässt uns die Liebe nicht mit leeren Händen zurück. Ein gebrochenes Herz ist immer noch ein Zeichen: ein Symbol dafür, dass man die Fähigkeit zu lieben besitzt, und eine Erinnerung daran, dass die Liebe irgendwann zurückkehren und die eigene Existenz erneut mit Sinn und Glanz erfüllen kann.

Wenn Sie verliebt sind, fühlt sich die Liebe an wie eine vollkommen einzigartige und persönliche Erfahrung. Man fragt sich, ob irgendein anderer Mensch überhaupt jemals so etwas gefühlt haben kann; wie Menschen auf der ganzen Welt überhaupt weiterhin denken, gehen und essen können, während sie versuchen, einen solch betörenden Rausch von Emotionen zu bewältigen. Doch während ich diese Worte schreibe und

Kapitel 3

mich an meine eigenen Erfahrungen und die von Freunden, Schriftstellern und Musikern erinnere, taucht ein vertrautes Muster auf. Denn so individuell die Liebe sich auch anfühlt, wir lassen uns auf sie ein, als wäre sie ein quantifizierbarer emotionaler Monolith, den jeder auf die gleiche Weise erlebt.

Wir sind nicht etwa imstande, über die Liebe in der uns allen gemeinsamen Sprache zu reden, weil sie von Natur aus eine feststehende bekannte Sache wäre, ein dauerhaftes Objekt, das wir in die Hand nehmen und herumreichen können, sondern weil wir eine Version der Liebe geschaffen und aufrechterhalten haben, die jetzt im Moment existiert. Wie alle Bedeutungssysteme ist auch die Liebe, wie wir sie erleben, erfunden und erlernt. Der französische Autor und Memoirenschreiber François de La Rochefoucauld schrieb im 17. Jahrhundert: »Es gibt Menschen, die sich nie verliebt hätten, wenn sie nicht gehört hätten, dass es so etwas gibt.«

In seinem Buch *A Cultural Perspective on Romantic Love* schreibt Dr. Victor Karandashev: »Liebesgefühle werden von vielen Menschen, in verschiedenen historischen Epochen und in den meisten Kulturen der Welt erlebt. Dennoch weisen diese Gefühle eine große Vielfalt auf – Kulturen haben Einfluss darauf, wie Menschen in der Liebe fühlen, denken und sich verhalten.« Wenn man die Geschichte zurückverfolgt, kann man leicht erkennen, wie die sich verändernden Einstellungen zur romantischen Liebe mit den gesellschaftlichen Erwartungen an Lebensweise und Verhalten des Einzelnen korrelieren.

Die fröhliche Nihilistin ist verliebt

Vor dem Mittelalter galt die romantische Liebe im Westen eher als Belastung denn als Segen: Sie schien ein irrationaler Gefühlscocktail zu sein, der einen in die Irre führen und die Institution der Ehe eher bedrohen als stärken konnte. Ehen waren Geschäfts- und Familienangelegenheiten, ein Weg, um Reichtum, Ansehen und Sicherheit zu gewährleisten und auszubauen. Ehen mussten überlegt, verhandelt und mit klarem Verstand eingegangen werden – nicht mit überfließendem Herzen. Liebe wurde vielleicht in der Jugend geduldet, aber es wurde erwartet, dass sie wie Milchzähne vor dem Eintritt ins Erwachsenenalter abgestoßen wurde.

Dieses Gefühl zieht sich in Literatur und Kunst durch sämtliche Jahrhunderte. Die antiken griechischen Mythen sind voller Liebesgeschichten, die mit Mord, Verrat, Verlassenheit und schlechten Entscheidungen enden, wobei Paare regelmäßig in Tiere, Pflanzen, Steine und sogar in den einen oder anderen Fluss verwandelt werden. Romantische Ikonen wie Ovids Pyramus und Thisbe oder Shakespeares Romeo und Julia werden heute von gefühlvollen Schwärmern geschätzt, waren aber ursprünglich als Warnung gedacht, dass die Irrationalität der romantischen Liebe (und die Weigerung, auf die Eltern zu hören) buchstäblich tödlich sein kann.

Als im 12. Jahrhundert die französischen Hofdichter aufkamen, auch bekannt als Troubadoure, wurde der Ruf der romantischen Liebe ein wenig besser. Diese Künstler widmeten einen Großteil ihrer Werke dem Thema Liebe, aber selbst sie behaupteten nicht, dass man ein Leben (geschweige denn

Kapitel 3

eine Identität) darauf aufbauen konnte. Für sie war die Liebe eine vorübergehende Fixierung: auf jemanden, den man aus Spaß hofierte. Die Troubadoure widmeten ihre Werke den Frauen, mit denen sie nie schlafen oder sich in irgendeiner Weise verbinden wollten. Oft trafen sie ihre Musen nicht einmal, sondern ließen sich einzig von Berichten über ihre Schönheit leiten und inspirieren.

Die Liebe war eine Ablenkung, ein Weg, sich die Zeit zu vertreiben oder die Kunst zu inspirieren, ohne die Aufmerksamkeit zu sehr von ernsteren Dingen abzulenken. Die Liebe konnte existieren, weil auf ihr nicht automatisch die Bürde lastete, innerhalb einer Ehe oder neben den weniger einnehmenden, aber dringlicheren Angelegenheiten des Lebens zu existieren.

Die Ehe bot Stabilität, Struktur, ein Vermächtnis und einen Zweck; die Liebe bot Spaß und Vergnügen. Infolgedessen wurden beide oft getrennt voneinander gehalten – verkörpert jeweils durch einen Ehepartner und einen Liebhaber. Nicht nur wurde akzeptiert, dass Menschen (nun ja, Männer) diese eher frivolen Impulse außerhalb der Ehe auslebten, es wurde sogar oft als das verantwortungsvollere Vorgehen angesehen. Eines, das die Stabilität der primären Beziehung ermöglichte, indem man nicht zuließ, dass Herzensangelegenheiten das Geschäft der Ehe erschütterten. Die Liebe war wie eine glitzernde Spielerei, etwas, was man bewundern und womit man sich amüsieren konnte, dem man aber keine wirkliche Bedeutung beimaß.

Die fröhliche Nihilistin ist verliebt

All das begann sich zu verändern, als Ende des 18. Jahrhunderts in Europa die künstlerische und intellektuelle Epoche der Romantik anbrach. Die Anhänger der Romantik glaubten nicht, dass leidenschaftliche, romantische Liebe eine vorübergehende Torheit sei, sondern eine vitale, lebensspendende Kraft, von der erwartet werden sollte, dass sie ohne Unterbrechung für die gesamte Dauer einer Beziehung besteht. Während man früher weitgehend davon ausging, dass die emotionalen Bedürfnisse eines Individuums durch mehrere Beziehungen (Ehefrau, Geliebte, Freunde, Gott) befriedigt werden konnten, kehrten die Romantiker zu Platons ursprünglichem Modell zurück und vertraten die Ansicht, dass sie alle von einem einzigen, perfekten Partner erfüllt werden sollten, der instinktiv alles über einen weiß und versteht. Für sie sollte die Liebe auf Anhieb vollständig, vollkommen, bedeutungsvoll und ewig existieren.

Wie alle Systeme diente die Romantik nicht nur dazu, romantisch zu sein. Sie war eine Antwort auf die Aufklärung, die Industrialisierung Englands und Westeuropas, auf den Aufstieg der Wissenschaft und den Rückzug der Spiritualität im öffentlichen und privaten Leben. Dieser Übergang wurde durch den Anbruch des Industriezeitalters angeheizt. Als die (meist jungen) Menschen in die städtischen Zentren strömten, nahmen sie neu geschaffene Arbeitsplätze in neu errichteten Fabriken und den aufkommenden Industrien an. Diese sich erweiternden Beschäftigungsmöglichkeiten brachten unabhängige Einkommensquellen mit sich und gewähr-

Kapitel 3

ten ihrerseits einigen Menschen zum ersten Mal die Freiheit, ihre eigenen Entscheidungen über ihre Lebensweise zu treffen. Losgelöst von der Kontrolle durch die Familie konnte die Partnerwahl durch neue Ideen und Werte in Bezug auf die Liebe gestaltet werden.

Liebe als Grundlage einer Ehe und eines Lebens war ein neues Konzept, das von den Jungen aufgegriffen, von den Alten aber verspottet wurde. Dieses Konzept besagte: Mach dir keine Sorgen darüber, was deine Familie denkt, folge deinem Herzen. Als die traditionellen Sinngehalte allmählich an Bedeutung verloren, bot die Liebe eine Alternative, einen neuen Sinn für ein kosmisches Ziel.

Aber für eine revolutionäre Praxis, die von der Idee beflügelt wurde, bestehende Erwartungen über den Haufen zu werfen und die Familie zu verärgern, setzte die romantische Liebes-Version ebenso viele Grenzen fest, wie sie auflöste. Anstatt die Konzepte der Ehe oder die Vorurteile zwischen den Partnern abzuschaffen, machte sie die Liebe zu einer unmöglichen Laune.

In den Händen der Romantiker wurde die Liebe immer komplizierter. Zuvor war eine gute Ehe eine sichere Angelegenheit, mit jemandem, der einen hoffentlich mit einem Grundmaß an Respekt und Fürsorge behandelte. Jetzt war eine gute Ehe ein ewiger Zustand der Glückseligkeit, in dem die Gefühle nie schwankten, der Sex nie enttäuschte und beide Parteien mit dem Gefühl belohnt wurden, dass sich ihr Schicksal erfüllt hätte.

Die fröhliche Nihilistin ist verliebt

Was die Romantik begann, perfektionierte schließlich das Marketing. Im 19. Jahrhundert kamen kommerziell produzierte Valentinstagkarten auf, Schreibanleitungen für Liebesbriefe wurden veröffentlicht, und Frauenzeitschriften, die sich an die Mittelschicht richteten und Ratschläge gaben, wie man einen Ehemann findet und behält, erlebten einen Boom. Die neue Version der romantischen Liebe mag zwar radikal gewesen sein, aber ihre Anhänger waren immer noch begierig nach Regeln und Konventionen, die ihnen sagten, wie sie alles richtig machten. Die Werbetreibenden des 20. Jahrhunderts erkannten diesen Wunsch nach neuen Traditionen, die sich alt anfühlten, Beziehungen bestätigten und (praktischerweise) Verkaufsmöglichkeiten schufen. Slogans wie »Diamonds are Forever« verbanden sich mit unseren mündlich überlieferten Geschichten davon, wie man liebt und geliebt wird, während Konventionen die Menschen mit einer langen Liste von einfach zu befolgenden (und zu erwerbenden) Schritten von der ersten Verabredung bis zum Eheglück führten. Eine Schachtel Pralinen beim ersten Date, Verlobungsringe, Brautpartys, Junggesellenabschiede, Hochzeitskleider, Flitterwochen, Geschenke zum Hochzeitstag aus Papier oder Zinn, Wiederverlobungszeremonien und sogar Scheidungspartys sind allesamt Rituale, die von Marketingabteilungen popularisiert wurden. Don Draper, der berüchtigte Werbemanager aus der Fernsehserie *Mad Men*, hat seinen Einfluss nicht überschätzt, als er witzelte: »Was ihr Liebe nennt, wurde von Typen wie mir erfunden, um Nylonstrümpfe zu verkaufen.«

Kapitel 3

Die moderne romantische Liebe hat sich zu einer fein abgestimmten Performance entwickelt, die studiert und nachgeahmt werden kann. Wenn Sie diese Inszenierungen ablehnen und sich nicht an die darin vorgegebenen Rollen halten, laufen Sie Gefahr, von der Erfahrung der romantischen Liebe insgesamt ausgeschlossen zu werden, und sind womöglich dazu verurteilt, unerwählt und allein zu bleiben. In ihrem 2012 erschienenen Buch *Minimizing Marriage: Marriage, Morality, and the Law* führte die Philosophieprofessorin Elizabeth Brake von der Arizona State University den Begriff Amatonormativität ein, die Annahme, »dass eine zentrale, exklusive Liebesbeziehung für den Menschen normal, dass sie zudem ein universell geteiltes Ziel und eine solche Beziehung normativ ist«. Die Romantiker versprachen uns, dass die Liebe Bedeutung bieten kann, indem sie uns das Gefühl gibt, gesehen, gekannt, verstanden und verwandelt zu werden. Aber im 20. Jahrhundert bot die Verwandlung der Liebe in ein Konsumprodukt, also ihre Kommerzialisierung, außerdem die Zusicherung von Normalität. Geliebt zu werden bedeutete, ausgewählt zu sein, als richtig eingestuft zu werden. Ohne Liebe zu sein, bedeutete, defekt zu sein, unvollständig, von Zeus in zwei Hälften geteilt.

Alle Bedeutungssysteme bieten eine vermeintliche Belohnung im Austausch dafür, dass man sich an diese Systeme hält. Wir lassen uns kontrollieren und lenken in der Hoffnung, dass dies zu einem Gefühl von Sinn und Akzeptanz führt. Bei der Liebe ist es nicht anders: Verhalte dich so, dass

Die fröhliche Nihilistin ist verliebt

du liebenswert bist, lerne die Sprache, kaufe den Schmuck, behandle die Liebe mit der Ehrerbietung, die sie verdient, und genieße für immer ungetrübte Glückseligkeit, totale Anerkennung, geistige Klarheit und Bedeutung ohne Ende. Bei einem so attraktiven Preis verliert man leicht aus den Augen, was im Gegenzug von einem verlangt wird.

Wir nehmen an, dass Liebe gut für uns sei, weil uns so oft gesagt wurde, dass es so ist. Aber machen Sie sich doch einmal ein paar Gedanken darüber, was sie uns buchstäblich und im übertragenen Sinne kostet. Ungeachtet der großen Reden von Romantikern und späterer Werbeleuten zeichnen die Daten leider kein so rosiges Bild von der modernen romantischen Liebe mit ihrem Gefühl von Erfüllung.

Paul Dolan, Professor für Verhaltenswissenschaften an der London School of Economics, untersuchte in seinem Buch *Happy Ever After: Escaping The Myth of The Perfect Life*, wie segensreich die ewige Liebe tatsächlich ist. Er untersuchte das Glücksniveau von Verheirateten, Singles, Geschiedenen, Getrennten und Verwitweten und fand heraus, dass diese »Glücklich-bis-ans-Lebensende«-Arrangements tatsächlich den Männern ziemlich guttun. In einer Rede auf dem Hay Festival 2019 sagte er an die Adresse verheirateter Männer gerichtet: »Sie gehen weniger Risiken ein, Sie verdienen mehr Geld auf der Arbeit und Sie leben etwas länger.« Für Frauen sahen die Ergebnisse nicht so rosig aus. Anstatt Erfüllung in langfristigen romantischen Beziehungen zu finden, waren verheiratete Frauen generell weniger glücklich und neigten dazu,

Kapitel 3

früher zu sterben als ihre ledigen Schwestern. »Die gesündeste und glücklichste Teilgruppe sind die Frauen, die nie geheiratet oder Kinder bekommen haben«, fügte er hinzu.

Über die romantische Liebe kann man sich leicht lustig machen, was aber keineswegs heißen soll, dass jede Verstrickung mit der Liebe eine Torheit wäre. Wenn man erst einmal die nebulösen Visionen von Seelenverwandten und Körpern mit zwei Gesichtern hinter sich gelassen hat, gibt es ein paar ziemlich starke Argumente für das Verliebtsein. Sie sind nur nicht so poetisch, wie wir es vielleicht gerne hätten. Platon und Empedokles stellten sich die Liebe als eine elementare Kraft vor, die absolut existiert, so real und erfahrbar wie die Schwerkraft. Diese Erwartung wird oft an Bedeutungssysteme gestellt. Wir sehen sie eher als fundamental an denn als funktional. Aber während es erlernt ist, wie wir über Liebe sprechen, sie bewerten und darüber nachdenken, ist das Gefühl der Liebe selbst nicht erlernt. Der Instinkt zu lieben ist in unseren Körpern und Gehirnen verwurzelt. Er prägt und hat Einfluss darauf, was es bedeutet, ein Mensch zu sein. Wie Jobs hat er einen Wert, auch wenn er keine Bedeutung hat.

Die biologische Anthropologin Helen Fisher interessiert sich schon lange dafür, was in unseren Gehirnen passiert, wenn wir uns verlieben. Im Jahr 2005 veröffentlichten sie und ihr Forschungsteam die Ergebnisse einer Studie, die MRT-Scans der Gehirne von College-Studenten untersuchte, wenn sie ein Bild von jemandem anschauten, in den sie sehr ver-

Die fröhliche Nihilistin ist verliebt

liebt waren. Sie verglichen die Ergebnisse mit einer Basislinie der Gehirnaktivität, wenn die Probanden das Bild eines Bekannten betrachteten. Nach der Überprüfung von 2.500 Scans stellten die Forscher fest, dass das Betrachten von Fotos von Geliebten zu mehr Aktivität in Regionen des Gehirns führte, in denen Dopamin gebildet wird. Als sie ihre Ergebnisse 2017 gegenüber *WIRED* erläuterte, sagte Fisher: »Dieser Bereich ist Teil des Belohnungssystems im Gehirn, jenes Gehirnnetzwerkes, das Wollen, Suchen, Verlangen, Energie, Fokus und Motivation erzeugt.« Die Gehirne von Verliebten produzierten ein natürliches Rauschgefühl, das mit dem Gefühl beim Konsum von amphetaminähnlichen Drogen vergleichbar war.

Wenn wir in der Nähe von jemandem sind, den wir lieben, schüttet unser Gehirn neben Dopamin auch Oxytocin aus – ein Neurotransmitter, der umgangssprachlich als »Liebesmolekül« bezeichnet wird. Oxytocin sorgt dafür, dass wir uns gut fühlen; es intensiviert das Gefühl der Verbundenheit zwischen Menschen. Es senkt auch die Angst, indem es die Stressreaktion der Amygdala reduziert. Das ist der Teil Ihres Gehirns, der Gefahr registriert und mit der Freisetzung von Hormonen reagiert, die Sie in die Lage versetzen, zu kämpfen, zu fliehen oder sich einfach extrem angespannt zu fühlen. Paul Zak, Professor für Wirtschaftswissenschaften, Psychologie und Management an der Claremont Graduate University in Kalifornien, hat die Auswirkungen von Oxytocin untersucht und festgestellt, dass es den Blutdruck und die Herzfrequenz senken kann – besonders bei Frau-

Kapitel 3

en. Der Oxytocin-Spiegel steigt auch an, wenn sich verliebte Partner zwanzig Sekunden lang umarmen. Das erklärt, warum wir uns, wenn wir besorgt oder verängstigt sind, durch unseren Partner oft mehr beruhigt fühlen als durch alles andere.

In seinem Artikel »Love Is Medicine for Fear«, erschienen im *Atlantic*, blickte Arthur C. Brooks auf die Beobachtungen des chinesischen Philosophen Laozi zurück, der vor 2.000 Jahren im *Daodejing* schrieb: »Durch Liebe hat man keine Angst.« Brooks beobachtete, dass ein paar Jahrtausende später die Aussage, dass »Liebe die Angst neutralisiert«, von der Wissenschaft buchstäblich bestätigt wurde.

Abgesehen davon, dass sie uns in Momenten mit großem Stress tröstet, wirkt die Liebe auch als emotionales Schmiermittel, das uns hilft, einige der physischen Notwendigkeiten des Lebens zu erfüllen. In seinem Schlüsselwerk *Die Welt als Wille und Vorstellung* von 1819 benennt der deutsche Philosoph Arthur Schopenhauer die zentrale Kraft, die seiner Meinung nach alle Menschen antreibt: den Willen zum Leben. Er behauptet, dass der Wille zum Leben lebenswichtiger ist als jeder andere gelehrte Kompass der Moral, Ethik oder Vernunft, da der Wille zum Leben die Menschen antreibt, vorwärts zu gehen, zu überleben und weiterzumachen. Es ist kein ausgeklügeltes Verlangen nach Sinn oder Zweck, sondern eher ein einfaches Bedürfnis, für einen weiteren Tag zu existieren, als Teil einer Spezies, die hoffentlich für ein weiteres Jahrtausend existieren wird. Kurz gesagt, es geht um Sex.

Die fröhliche Nihilistin ist verliebt

In Schopenhauers Augen ist der einzige vertretbare »Sinn« des Lebens die Schaffung von mehr Leben.

Halten wir einen Moment inne, um die erdrückende Heteronormativität dieser Haltung – dass Menschen ausgeschlossen werden, die keine Kinder haben können oder wollen – wahrzunehmen. Offensichtlich gibt es mehr im Leben als Menschen mit reproduktiven Fähigkeiten und deren Nutzung. Aber diese Fixierung darauf zeigt eben auch, warum Menschen (die sich für Kinder entscheiden) von der Liebe profitieren.

Wenn man in jemanden verliebt ist, ist die Wahrscheinlichkeit größer, dass man Sex mit ihm hat. Obwohl, bei allem Respekt vor Schopenhauer, es in der Geschichte eine Menge Beweise dafür gibt, dass Menschen auch ohne Liebe Sex haben und glücklich sein können. In einer heterosexuellen, verhütungsfreien Beziehung kann Sex zu einem Kind führen. Betrachtet man die Geburt eines Kindes ohne die romantischen Vorstellungen, die wir um Familie und Zusammenhalt gesponnen haben, fällt es schwer, sie nicht als ein objektiv erschreckendes, gefährliches, chaotisches Ereignis anzusehen. Verbinden Sie dieses Ereignis jedoch mit Vorstellungen von Liebe und Verbundenheit, fängt es sogleich an, sich ein wenig machbarer anzufühlen.

Die Liebe verbindet Sie hoffentlich mit Ihrem Partner und erhöht die Wahrscheinlichkeit, dass Sie gemeinsam für die Sicherheit dieses neuen Wesens sorgen können. Und auch wenn Sie selbst nicht schwanger werden können, kann die

Kapitel 3

Liebe Sie dazu bringen, ein Kind aufzunehmen und dafür zu sorgen, dass es seine Rolle als gesundes Glied in einer biologischen Kette spielt und den Schopenhauer'schen Willen zum Leben für eine weitere Generation am Laufen hält.

Obwohl die Ehe historisch gesehen eine unvorteilhafte Verbindung ist, die den Frauen eine zusätzliche Last aufbürdet und viele Menschen unglücklich macht, besteht kein Zweifel daran, dass das Überleben unserer Spezies durch die Bildung von sozialen Gruppen gestärkt wird. Gefühle der Liebe helfen uns zu kooperieren, Kompromisse zu schließen, vernünftig zu urteilen und Opfer zu bringen. Das Zusammenleben ist von Natur aus ein Stresszustand. Aber Dinge aufzugeben, die man mag, Zugeständnisse an einen anderen Menschen zu machen, Opfer zu akzeptieren, um sicherzustellen, dass es diesem Menschen gut geht, fällt uns leichter, wenn wir ihn lieben. Ohne die Liebe wären nur wenige von uns in der Lage, tagein, tagaus für das amorphe Ziel »Wohl der Spezies« so selbstlos und fürsorglich zu agieren.

Wenn man über Liebe nachdenkt, befindet man sich oft in einer Zwickmühle: Wir brauchen die Liebe, um zu gedeihen und zu überleben. Aber unsere Besessenheit hat sich bis zu dem Punkt entwickelt, an dem die Erwartungen an die Liebe uns unglücklich machen (vor allem, wenn Sie eine Frau sind). Alle Bedeutungssysteme stellen unmögliche Anforderungen, aber die Liebe hat den unglücklichen Zusatz, dass sie alle diese Anforderungen auf (normalerweise) eine Person ausrichtet. Ich liebe David Bowie, aber wenn er in »Within

Die fröhliche Nihilistin ist verliebt

You« singt »Everything I've done, I've done for you« – »alles, was ich getan habe, habe ich für dich getan« –, dann zucke ich zusammen. Es ärgert mich auch, wenn Jerry Maguire erklärt »You complete me« – »Du machst mich ganz« – oder David Copperfield behauptet, dass seine geliebte Dora »more than human«, »mehr als ein Mensch«, sei. Anstatt in Ohnmacht zu fallen, denke ich nur: Das klingt ja alles nach ziemlich viel Druck. Denn niemand kann unseren eigenen Ansprüchen gerecht werden, wenn es um die Liebe geht. Wir erwarten von ihr, dass sie uns verwandelt, unserem Leben einen Sinn gibt und uns ewige Glückseligkeit schenkt. Jedes Unvermögen, perfekt zu sein, fühlt sich demzufolge wie eine Niederlage an.

In diesem Strudel verschiedener Ziele kann man leicht die elementaren Freuden der Liebe selbst aus den Augen verlieren. Während wir auf den ewigen Sinn fokussiert sind, vergessen wir das momentane Glück. Die Liebe als vorherbestimmt, fundamental und unvermeidlich zu betrachten, lenkt den Fokus von der Freude, dem Glück und dem Privileg zu lieben ab. Wenn ich meinen Partner anschaue, sage ich mir nicht, dass sich das Universum verschworen hat, um uns zusammenzubringen, sondern ich konzentriere mich auf das Chaos, das in unserer Beziehung steckt. Es ist unglaublich für mich, dass wir uns überhaupt getroffen haben. Dass wir beide im Abstand von ein paar Jahren geboren wurden, in derselben Stadt und im gleichen sozialen Umfeld gelandet sind und uns zufällig an einem Punkt in unserem Leben getroffen

Kapitel 3

haben, an dem wir die emotionale Kapazität hatten, uns an einen anderen Menschen zu binden.

Im Gesamtplan des Universums ist unsere Liebe bedeutungslos. Sie mag den Lauf unseres Lebens zwar beeinflussen, aber ich weiß, dass sie sonst wenig ändern wird. Sie ist nicht schicksalhaft oder in den Sternen festgeschrieben. Sie ist ein Zufallsereignis. Wenn dieser Zufall mich glücklich macht, staune ich über das Gehirn, das mich mit Gefühlen überflutet, und den Körper, der mich diese Gefühle ausdrücken lässt. Wenn die Liebe mich traurig macht, starre ich aus dem Fenster und erinnere mich daran, dass dieser Schmerz, auch wenn er für mich überwältigend ist, nur ein Symptom der Art und Weise darstellt, wie ich Geschichten und Normen der Liebe aufgenommen habe, die jemand anders angelegt hat. Ich spüre einen Schmerz, weil meine Erfahrung von Liebe einer Erwartung widerspricht, die ich übernommen habe. Um mich zu beruhigen, erinnere ich mich daran, dass die Liebe mich nicht retten, mich nicht verwandeln oder mir einen tieferen Sinn geben wird. Sie ist nur eine von unzähligen bedeutungslosen Handlungen, an denen ich im Laufe meines Lebens teilhaben werde. Aber zum Glück ist es eine, die mir gelegentlich echte Freude bereiten kann. Ich weiß, dass die Glücksgefühle, die mein Körper erzeugt, wenn diese Person in der Nähe ist, real sind. Alles andere – mein Wunsch nach Liebesbeweisen, totalem Verständnis und endloser Glückseligkeit – sind Erfindungen. Manche stammen von mir (Vorstellungen darüber, wie ich mein Leben

Die fröhliche Nihilistin ist verliebt

haben möchte), manche von anderen (Visionen dessen, was ein »richtiges« Leben ist).

Diese nihilistische Herangehensweise an die Liebe scheint zunächst etwas unterkühlt zu wirken. Aber der Nihilismus und die Annahme, dass die von uns empfundene Liebe nur ein Überlebenswerkzeug ist, das wir sentimentalisiert haben, machen die Erfahrung, jemanden zu lieben, frei von Heuchelei und Erwartungen. Manchmal liege ich nach dem Sex da und denke darüber nach, was gerade passiert ist. Ich verstehe, dass das kurzzeitige Vergnügen ein Trick ist, den mein Körper gelernt hat, um mich glücklich zu machen, mich an einen Partner zu binden und vielleicht eines Tages Nachkommen zu zeugen. Liebe ist ein Geschenk – übermittelt von meinem Gehirn, von Dopamin und Oxytocin –, das ich nutzen, definieren und genießen kann. Das reicht mir. Ich versuche, nicht mehr von der Liebe zu verlangen. Ich weiß, dass ich mein Leben und meine Vorstellungen von Liebe selbst gestalten kann.

Die Philosophin und Gesellschaftstheoretikerin Simone de Beauvoir hat das ebenfalls verstanden. Sie sah die Liebe nicht als etwas, das ihr passiert und sie passiv macht, sondern als ein Konzept, das sie kontrollieren kann. Sie übertrug dieses Konzept auf ihre eigenen praktischen, aber dennoch ambitionierten Erwartungen. In *Das zweite Geschlecht*, ihrer 1949 erschienenen Untersuchung über die Stellung von Frauen im Laufe der Geschichte, plädiert sie für eine »authentische Liebe«, die der Freiheit den Vorrang vor vollständiger seelischer Erfüllung gibt. De Beauvoir wandte sich gegen die bestehenden, gesell-

Kapitel 3

schaftlich geschaffenen Mythen der Liebe und die Werte, die sie den Menschen auferlegten. Sie entschied sich vielmehr dafür, authentische Liebe als wechselseitig und gleichberechtigt zu sehen, und erklärte, dass sie allen Parteien zugutekommen und sie auffordern müsse, sich gegenseitig zu unterstützen, während sie sich auf ihren eigenen persönlichen, ewigen Wegen des »Werdens« befänden. Sie sagte nicht, dass Liebe einen vervollständigt oder ganz macht, sondern dass sie einen trägt, während man selbst diese Antworten findet und seine eigene Handlungsfähigkeit zum Ausdruck bringt. Liebe war für sie eine Zutat oder Ressource, die man abrufen, geben, empfangen und je nach Bedarf wiederverwenden kann. Sie sollte jedoch nicht als ein endlicher Zustand oder eine Idee verehrt werden. De Beauvoir schmälert nicht die Bedeutung der Liebe, aber sie lässt sich auch nicht von einer vorgeschriebenen Version von Liebe kontrollieren.

Indem wir die Vorstellung, dass wir in der romantischen Liebe einen Sinn finden können, zurückweisen (oder neu erfinden), sind wir frei, sie voll und ganz zu würdigen, von ihr bezaubert und gestärkt, aber niemals von ihrem Gewicht erdrückt zu werden. Sie wird zu einer vorübergehenden Freude, die wir schätzen und für die wir dankbar sind, aber wir trauern nicht, wenn sie nicht den erdachten Standards entspricht oder ganz verschwindet.

Zahllose Schriftsteller, Philosophen, Wissenschaftler und Künstler haben versucht, der Liebe sowie der Rolle, die sie in unserem Leben und unserem Zusammenleben einnimmt, auf den Grund zu kommen. Doch auch die kritischsten Geister würden sich schwer damit tun, sie gänzlich zu verleugnen. Als Menschen sind wir dazu geschaffen, zu lieben, Sex zu haben und uns zu vergnügen. Aber unser Verstand entreißt allzu oft unseren Körpern diese Freuden und weist ihnen unmögliche Erwartungen zu. Die Liebe wird niemals alle unsere Probleme lösen oder dem Leben einen Sinn geben, aber es ist schön, die Liebe zu haben. Eine schöne Ergänzung, ein Genuss, aber nichts, worauf man sein ganzes Leben aufbauen sollte. Einfach genossen und ohne weitere Bedeutung ist sie ein Geschenk, keine Antwort auf etwas. Etwas zum Fühlen und Innehalten, um sich ins Gedächtnis zu rufen, wie wunderbar es ist, solch eine Erfahrung zu machen, und sei es auch nur für eine Sekunde.

Kapitel 4

Leben nach Gott

Ich habe dieses Buch in Melbourne geschrieben, der Stadt, in der ich aufgewachsen bin und in der ich seit meiner Kindheit lebe. In den Monaten, die ich für die Fertigstellung brauchte, wurde die Welt von COVID-19 heimgesucht und meine geliebte, aber eigentlich recht unauffällige Heimatstadt verwandelte sich in das Epizentrum des australischen Ausbruchs. Als Reaktion auf die Krise führte die Landesregierung einige der strengsten Restriktionen der Welt ein. Ich schreibe dieses Kapitel inmitten eines 112-tägigen Lockdowns der Stufe vier. Die Bewohner dürfen das Haus nur verlassen, um einmal am Tag Sport zu treiben, Lebensmittel einzukaufen oder wichtige Dienstleistungen in Anspruch zu nehmen – und all das muss maskiert und allein geschehen. Unnötig zu sagen, dass das eine stressige Zeit ist.

In Gesprächen mit Freunden und Familie, über Zoom oder Kopfhörer während dieses zweckgerichteten täglichen Gangs, debattieren und theoretisieren wir, was als Nächstes

Kapitel 4

passieren wird. Zwischen dem Austausch von Impftheorien und Klagen von Highschool-Freunden, die zu Verschwörungstheoretikern geworden sind, gibt es eine immer wiederkehrende Frage: »Wie wird das alles enden?«

Man vergisst leicht, dass die Dinge sich zu Beginn der Pandemie anfühlten, als könnten sie innerhalb kurzer Zeit überwunden werden. Als die Zahlen niedrig waren – und für uns, die wir auf einer Insel am Rande der Welt lebten, die Krise weit weg war –, sprachen die Leute gerne darüber, was dieser beispiellose Bruch in der Normalität »bedeute«. Wir redeten uns ein, dass die Natur nach Jahrhunderten des Missbrauchs zurückschlagen würde; dass es ein Aufruf des Universums zur Entschleunigung sei, eine kosmische Erinnerung daran, unsere Nachbarn besser kennenzulernen oder den Balkon sauber zu machen. Wir räumten Schränke aus, archivierten Familiendokumente und riefen alte Freunde an, und so mancher wunderte sich: »Ohne eine Pandemie wäre ich nie so weit gekommen.« Wir suchten nach einem Sinn in dem verfluchten Chaos, denn Vernunft und Sinn sind der Überbau, in dem wir unser Leben einzurichten gelernt haben.

Aber als COVID-19 sich weiter ausbreitete, gingen uns die Hobbys aus und wir vermissten allmählich auch unser geschäftiges Leben. Die Zeitungsartikel, die die Krise optimistisch als einen Raum für persönliches Wachstum und Reflexion darstellten, wurden immer weniger. Wir ließen die Vorstellung hinter uns, dass das alles vielleicht doch einen

Leben nach Gott

Sinn haben könnte, und bissen (hinter Masken) die Zähne zusammen, um die Krise zu überstehen.

Das galt für alle, außer für meine Mutter, die durchweg stoisch, optimistisch, nachdenklich, reflektierend und belastbar geblieben ist. Sie scheint nie einen wirklich schlechten Tag zu haben oder die Kontrolle über ihre Gefühle zu verlieren. Ich rufe sie im Moment sehr oft an und finde es tröstlich, dass sie von den weltverändernden Ereignissen unberührt bleibt. Während sie auch davon spricht, dass sie es genießt, ihre Garage zu entrümpeln, hat sie einen weiteren Trumpf in der Hand, der mir vor langer Zeit entglitten ist. Sie glaubt, dass diese schreckliche, stressige Zeit ein Teil von Gottes Plan ist, und hat den Glauben, dass wir in unserem Schmerz einen bestimmten Sinn finden können. Mitten in einer Jahrhundertkatastrophe findet sie Zuflucht in einem der ursprünglichsten Bereiche der Menschheit, die Trost und Sinn anbieten: der Religion.

Obwohl ich in der Kirche aufgewachsen bin, betrachte ich mich nicht mehr als religiös. Aber manchmal habe ich das Gefühl, dass es in meinem Gehirn einen Hohlraum gibt, der von der Sonntagsschule geformt und mit der Zeit geleert wurde und nun für eine beliebige Anzahl von undefinierten Sinn- und Zielsystemen frei ist. Damit bin ich nicht allein. Viele Nicht-Gläubige tragen das Gefühl in sich, dass ihnen etwas fehlt. Das ist so, weil wir Menschen uns in vielerlei Hinsicht dazu entwickelt haben, auf Kräfte zu vertrauen, die größer sind als wir selbst.

Kapitel 4

Charles Darwin glaubte, dass Religion ein entscheidender Teil des Menschseins sei. In *Die Abstammung des Menschen und die geschlechtliche Zuchtwahl* stellte er fest, dass der Glaube an Gott »als der vollständigste aller Unterschiede zwischen dem Menschen und den niederen Thieren vorgebracht worden« sei, und fügte hinzu: »Andererseits scheint ein Glaube an Alles durchdringende, spirituelle Kräfte allgemein zu sein und scheint eine Folge eines beträchtlichen Fortschritts in der Kraft der Überlegung des Menschen und eines noch größeren Fortschritts in den Fähigkeiten der Einbildung, der Neugierde und des Bewunderns zu sein.« Während es unzählige Variationen dessen gibt, was wir meinen, wenn wir Worte wie Gott, Jenseits, Gebet oder Religion verwenden, haben Anthropologen ein Jahrhundert lang Darwins Meinung, dass sich fast jede Kultur auf der Erde zusammen mit einer Form von Glaubenssystem entwickelt hat, beigestimmt.

Doch während das Vorhandensein von Religion ein universelles Phänomen ist, ist ihre spezifische Rolle immer noch umstritten und unklar. Wissenschaftler, Anthropologen, Philosophen und Psychologen sind sich uneins, warum wir immer wieder nach Göttern suchen oder sie sogar erfinden. Der Psychologe Jesse Bering, Autor des Buches *The God Instinct: The Psychology of Souls, Destiny, and the Meaning of Life*, vertritt in einem Interview mit der *New York Times* im Jahr 2007 die Ansicht, dass der Glaube instinktiv ist: »Wir verfügen über eine elementare psychologische Fähigkeit, die es jedem Menschen erlaubt, unerwartete Naturereignisse zu erklären und einen tieferen Sinn zu sehen, wo keiner ist ... Das ist ganz natürlich; so funktioniert unser Verstand.« Der Evolutionsbiologe Richard Dawkins ist in Bezug auf diesen natürlichen Zustand etwas herausfordernder. Er nennt unseren Drang, den Sinn in die Hände einer höheren Macht zu legen, einen evolutionären Unfall und behauptet: »Religiöses Verhalten kann eine Fehlzündung sein, ein unglückliches Nebenprodukt einer zugrunde liegenden psychologischen Neigung, die unter anderen Umständen nützlich ist oder es einst war.«

Fehlzündung hin oder her, unser Gehirn will, dass wir an etwas glauben. Es gibt ein buchstäbliches Vergnügen am Glauben – wie jeder bestätigen kann, der jemals »vom Geist ergriffen« wurde. In meiner Kindheit besuchte meine Familie eine Zeit lang eine Pfingstgemeinde, in deren Gottesdiensten die Menschen nach vorne gerufen wurden, damit für sie gebetet werden konnte. Diese Sitzungen waren oft ekstatische Darbietungen mit Schreien und Weinen, bei denen sich die normalerweise züchtigen Gemeindemitglieder herumwälzten, den Himmel anflehten und zu Jesus riefen, bevor sie verschwitzt und erschöpft auf den Boden fielen. Regelmäßig mussten Leute zu ihren Sitzen zurückgetragen werden, weil sie von dem Erlebnis so überwältigt waren, dass sie nicht mehr laufen konnten.

Als Kind, das für jede Art von Show zu haben war, habe ich manchmal selbst dabei mitgemacht. Ich wurde zwar nie zu Linda Blair, aber ich spürte, dass mich *etwas* durchfuhr.

Kapitel 4

Später zu Hause, hinter verschlossenen Türen, mit all der Heimlichkeit einer Séance, versuchten meine Freunde und ich, die Erfahrung nachzustellen. Wir drückten uns gegenseitig die Handflächen auf die Stirn, versuchten, in Zungen zu reden, und suchten verzweifelt nach einem weiteren Kick. Es funktionierte nie, wenn wir allein waren, aber wir versuchten es trotzdem weiter. Jahre später, als ich in denselben Zimmern heimlich Drinks und Joints zu mir nahm, dachte ich darüber nach, dass mein kindlicher Wunsch nach Gebet und mein jugendliches Interesse, high zu werden, miteinander verknüpft waren.

Laut Forschern der Universität von Utah war ich vielleicht nahe an etwas dran. Unter der Leitung des Neuroradiologen Jeffrey Anderson haben sie dieses mitreißende Gefühl namens »belohnungsbasierte neuronale Systeme« untersucht. Bei ihrer Arbeit beobachteten sie die Gehirne von jungen Mormonen, die »den Geist spürten«. Die Journalistin Liat Clark berichtet für *WIRED* im Jahr 2016 über ihre Arbeit: »Die Teilnehmer wurden gebeten, einen Knopf zu drücken, wann immer sie gesteigerte spirituelle Gefühle erlebten. Die Regionen des Belohnungskreislaufs im Gehirn wurden immer dann aktiviert, wenn die Teilnehmer die Knöpfe sehr häufig drückten. Das betraf die gleichen Hirnregionen, die bei der Einnahme von Drogen die Dopaminausschüttung anregen und damit die Sucht ermöglichen.«

Andrew Newberg, Neurowissenschaftler und Autor, der auch untersucht hat, wie sich religiöse Erfahrungen körperlich auf uns auswirken, beschreibt in seinem Buch *How God Changes Your Brain* die Reaktion des Organs auf eine höhere Macht. »Wenn man lange genug über Gott nachdenkt, geschieht etwas Überraschendes im Gehirn. Die neuronale Funktion beginnt sich zu verändern. Verschiedene Schaltkreise werden aktiviert, während andere deaktiviert werden. Neue Dendriten werden gebildet, neue synaptische Verbindungen werden hergestellt, und das Gehirn wird empfindlicher gegen subtile Erfahrungsbereiche. Wahrnehmungen und Überzeugungen beginnen sich zu verändern, und wenn Gott für Sie eine Bedeutung hat, dann wird Gott neurologisch real.«

Seine Arbeit führte ihn zu der Annahme, dass Religion zwei Funktionen für unser Gehirn erfüllt: Selbsterhaltung und Selbsttranszendenz. Religion unterstützt uns dabei, zurechtzukommen, Informationen zu verarbeiten und unsere Umgebung zu verstehen, indem sie uns hilft, einen Sinn für das Selbst, persönliche Werte und Identität zu definieren. Vor einem Jahrtausend noch bot die Religion ein Prisma, durch das wir unsere Welt und uns selbst betrachten konnten. Sie erklärte Kräfte und Geschehnisse, die zu verstehen Jahrhunderte dauern würde, wenn man dafür Gehirne und die Natur studierte. Doch obwohl unsere zerebralen Muster zutiefst ausgeformt und spürbar sind, hat die Welt seit der Aufklärung die umfassende Aufgabe der Religion aktiv infrage gestellt.

Die Aufklärung war (sehr einfach ausgedrückt) eine Periode, die sich über das 17. und 18. Jahrhundert erstreckte,

Kapitel 4

als Wissenschaft und Philosophie begannen, die Religion als Grundlage des Wissens zu verdrängen. Manchmal wurde diese Zeit als »Zeitalter der Vernunft« bezeichnet, und viele Menschen gingen damals dazu über, Ordnung und quantifizierbare Erklärungen über Religion und Aberglauben zu stellen.

Führende Denker, Philosophen und Historiker dieser Zeit, wie der Franzose Voltaire, der Deutsche Immanuel Kant und der Engländer John Locke, riefen die Menschen dazu auf, zu bedenken, dass Wissen nur durch Erfahrung und Lernen gewonnen werden könne, nicht aber durch eine externe Quelle der Wahrheit. Sie argumentierten, dass die Mysterien des Universums keine Fragen des Geistes seien, sondern vielmehr konkrete Probleme, mit denen man ringen, die man entschlüsseln und verstehen müsse.

Letztendlich hat uns die Aufklärung eine Menge gegeben – moderne Konzepte von Unabhängigkeit, Freiheit, staatlicher Verantwortung, dazu die Französische und Amerikanische Revolution, um nur einiges zu erwähnen. Aber auch noch so intensive Bemühungen von Voltaire, Kant und Locke konnten den Willen, an etwas jenseits von uns selbst zu glauben, nicht völlig zerstören. Zweihundert Jahre später ist klar, dass die Herrschaft der Religion nicht nur auf Wissenslücken oder Gehirnchemie zurückzuführen ist.

Wenn wir an Glaubenshandlungen in riesigen Gebäuden aus Stein und Beton teilnehmen und aus gewaltigen Büchern lesen, die seit Jahrtausenden gerühmt werden, haben wir leicht das Gefühl, dass Religion etwas Festes und Endgültiges ist.

Leben nach Gott

Aber welche Art Glaube wir wählen, sagt auch viel darüber aus, was wir zu bestimmten Zeitpunkten brauchen und wollen. In der antiken Welt neigten Götter dazu, chaotisch, grausam und egoistisch zu sein. Ihr Verhalten war ein Weg, um Lebensmuster zu erklären, die erschreckend und ungerecht waren. Mit der Ausbreitung des Monotheismus betonten Religionen wie das Judentum, das Christentum und der Islam bei ihren Gottesvorstellungen weniger den Schmerz und die Angst, sondern waren eher auf Fürsorge, Moral und Weisheit ausgerichtet. Gott wurde zu einem Weg durch das Trauma, nicht zur Ursache dafür.

Wenn man Religion als eine Einrichtung ansieht, die Sinn und Zweck hat, ist es verständlich, warum sie ein Lieblingsthema (oder Ziel) für Nihilisten wurde. Nietzsche selbst ist vielleicht am berühmtesten wegen seiner Erklärung »Gott ist tot« und dass »wir ihn getötet haben«, und zwar durch unsere Erhöhung von Wissenschaft und Vernunft. Ironischerweise aber meinte Nietzsche, dass unser Wille zu glauben zutiefst nihilistisch sei. Er sagte nämlich, dass die Religion das Leben nicht bereichere, sondern es erträglicher mache, indem sie eine Flucht vor dem Leben biete. Man könnte daher sagen, dass die Behauptung, wir würden uns hier auf der Erde als Gegenleistung für ein Leben nach dem Tod oder eine andere zukünftige Erlösung abplagen, den Wert des aktuell existierenden Lebens geradezu verwirft. Indem wir also Gott ablehnen, wenden wir unsere Aufmerksamkeit der Gegenwart zu und stellen uns den Fragen, die sich auftun, wenn wir das Leben ohne vorgefasste Vorstellungen über seine Bedeutung oder ohne vorgefertigte Auffassungen von Moral betrachten.

Mit diesem Gedanken im Hinterkopf könnte man behaupten, dass Nietzsche eigentlich froh sein müsste, wenn er den aktuellen Zustand der Religion sähe. Das Public Religion Research Institute (PRRI), das seit Jahrzehnten den Niedergang der Religion verfolgt, berichtete, dass 1991 nur »sechs Prozent der Amerikaner ihre Religionszugehörigkeit mit ›keine‹ bezeichneten«. Diese Rate blieb jahrzehntelang konstant, doch in den späten 1990er Jahren war sie auf 14 Prozent angestiegen. Unsere Verbindung zur organisierten Religion ging im neuen Jahrtausend noch weiter verloren. Gegenwärtig geben 25 Prozent der Amerikaner an, dass sie keine formale religiöse Identität haben. Ironischerweise sind sie damit die größte »religiöse Gruppe« in den USA, wie das PRRI anmerkt. Das Pew Research Center berichtet, dass vier von zehn Millennials angeben, sich keiner Religion zugehörig zu fühlen.

Sehr wahrscheinlich wird diese Entwicklung in nächster Zeit keine Kurskorrektur erfahren. Im *Pacific Standard* bezeichnete Christel J. Manning, Autorin von *Losing Our Religion: How Unaffiliated Parents Are Raising Their Children* die Generation Z als die »am wenigsten religiöse Generation« und stellte fest, dass ihre »Bindung an die Religion noch schwächer zu sein scheint als die der Millennials«.

Es ist schwierig, allgemeine Gründe dafür anzugeben, warum sich Menschen vom Glauben abwenden oder sich überhaupt nicht entsprechend binden. Doch die Daten deuten auf allgemeine Muster hin. Religion mag jahrhundertelang Sinn gegeben und die Moral geleitet haben, aber es ist klar, dass die angebotenen Antworten für junge Menschen heute zu kurz greifen. Weniger als die Hälfte der Millennials glaubt, dass der Glaube an Gott eine Voraussetzung für ein moralisches Leben ist. Tatsächlich hat die statistische Analyseseite FiveThirtyEight berichtet, dass »eine Mehrheit (57 Prozent) der Millennials zustimmt, dass religiöse Menschen im Allgemeinen weniger tolerant gegenüber anderen sind, verglichen mit nur 37 Prozent der Baby Boomer«.

Aber nur weil wir die Antworten auf Fragen nach dem Sinn und dem Guten nicht bei Gott finden, heißt das nicht, dass wir diese Themen ganz aufgegeben haben. Wohl keine Generation zuvor hatte so viele Möglichkeiten, nach dem Sinn zu forschen. Während wir freier denn je sind, unsere eigene Identität, Sexualität, unser Geschlecht und unsere Familie zu definieren, sind wir entsprechend weniger in binäre Glaubenssysteme eingebunden. Das Internet legt uns nicht auf die Ideen der Menschen in unserer unmittelbaren Umgebung fest. Wir sind in der Lage, uns zwischen bestehenden religiösen Strukturen zu bewegen und Konzepte von Selbst, Gemeinschaft und Tugend durch alternative spirituelle Traditionen, Aktivismus, Wellness, Politik und sogar säkulare »Kulte« wie Fankulturen zu verwirklichen.

Bis jetzt scheint dieser Exodus unsere Fähigkeit, ein guter Mensch zu sein, nicht behindert zu haben. Studien haben

Kapitel 4

gezeigt, dass Kinder, die ohne Religion aufgewachsen sind, toleranter gegenüber anderen und widerstandsfähiger gegen Gruppenzwang sind. Obwohl wir in der Lage sind, unser eigenes Gespür für richtig und falsch zu entwickeln, hat uns das nicht davon abgehalten, die Suche nach Bedeutung mit viel Fantasie anzugehen.

Nietzsche hoffte, dass der Verfall der traditionellen Religionen uns zu der Frage verleiten würde, warum wir Religion überhaupt brauchen. Er wollte, dass die Menschen in den Abgrund der Sinnfrage starren und sich selbst ohne sie betrachten. Aber genau hier fangen seine Hoffnungen auf eine postreligiöse Existenz an zu bröckeln. Denn obwohl die Daten auf einen Rückgang der Teilhabe an religiösen Aktivitäten hindeuten, ist sie nicht wirklich am Verschwinden, sondern macht eine weitere Transformation durch. Anstatt sich in ungläubige Richard-Dawkins-Klone zu verwandeln, haben viele von uns neue Festlegungen und neue Überzeugungen entwickelt, die den Platz religiöser Bindung einnehmen.

Bei aller Kritik, die wir an der Religion üben können, muss man dennoch zugeben, dass das System lange Zeit für viele Menschen funktioniert hat. Eines Nachmittags, als ich mich mit meinen Eltern unterhielt, erklärte ich, warum meiner Meinung nach Sinn überbewertet und überstrapaziert würde. Mein Vater, ein Mann, der sein ganzes Leben mit dem Glauben gelebt hat, folgte meinem Gedankengang. Er stimmte nicht immer zu, aber er konnte nachvollziehen, dass ich mir die Frage stellte, was wohl dabei herauskommt, wenn man sich auf die Sinnlosigkeit einlässt. Bei meiner Mutter aber, einer Frau mit einer eher vielschichtigen, wenn auch sehr aktiven Beziehung zu Gott, war die Sache völlig anders. Jedes Mal, wenn wir anfingen, über Sinn zu sprechen, kam von ihr dieselbe Reaktion: »Der Sinn des Lebens besteht darin, Gott zu dienen.«

Wenn ich sie bat, genauer zu werden, verwies sie mich auf die Bibel. Wenn ich die Behauptung aufstellte, die Bibel sei das Werk von Menschen und ein Spiegelbild ihrer eigenen Ängste und Bestrebungen, konterte sie, es sei Gottes Wort, das durch diese Menschen wirke. So ging es hin und her, bis wir uns höflich darauf einigten, nicht einer Meinung zu sein.

Nach vielen Gesprächen dieser Art könnte man meinen, dass ich, eine fröhliche Nihilistin, frustriert wäre. Ich bin sicher, wenn Nietzsche wiederbelebt und in das geschmackvolle Wohnzimmer meiner Mutter versetzt würde, würde er darum betteln, wieder ins Grab gelegt zu werden. Dennoch war ich nach diesen Unterhaltungen eher neidisch als irritiert. Ein Teil von mir beneidet die Klarheit und Einfachheit, mit der meine Mutter das Leben angeht. Ich bin froh, dass jemand, den ich so sehr liebe, mit der Fähigkeit ausgestattet wurde, so vollkommen zu glauben.

Es ist eine Sache, Religion in der Theorie abzulehnen, aber eine ganz andere, über den Leerraum nachzudenken, den sie in unserem Leben, unseren Gemeinschaften und unseren Gehirnen hinterlässt. Sich einzugestehen, dass Sie selbst, Ihre Lieben, Ihre Realität, dass all dies sinnlos ist, ist doch ziem-

Kapitel 4

lich viel, was Sie an sich heranlassen müssten. Religion bietet uns einen Rahmen, um nach dem Sinn und den sich anbahnenden Existenzproblemen zu fragen. Sie bietet auch ein Gefühl der Verbundenheit (zu Gott oder zu einer Gemeinschaft von Gläubigen), sie bietet Anleitung und Raum für Verwandlung und Vergebung.

Im zweiten Korinther-Brief der Bibel schreibt Paulus: »Wir alle, die wir mit unverhülltem Angesicht die Herrlichkeit des Herrn schauen, werden in dasselbe Bild verwandelt, von einem Grad der Herrlichkeit zum anderen.« Es ist eine sehr schöne Vorstellung, dass uns durch Gott unsere Sünden vergeben, unsere Seelen gereinigt und wir bessere, reinere Versionen unserer selbst werden können. Diese Vorstellung ist so angenehm, dass ich ihr lange, nachdem ich meine nächtlichen Gebete aufgegeben habe, mithilfe von Gewohnheiten und Ritualen, die meinem anhaltenden Wunsch nach Schutz und Verwandlung entsprechen, noch immer nachjage. Ich drücke die Daumen, wünsche mir etwas, wenn ich meine Geburtstagskerzen auspuste, meide Risse im Straßenbelag und flehe jeden an, der ein Ohr für mich hat, mich bei holprigen Flügen zu beschützen. Selbst diejenigen von uns, die von der Sinnfrage loskommen können, bleiben mit dem Traum von Wegweisung und Verwandlung verstrickt.

Als Kind wollte ich für kurze Zeit eine Nonne sein; ich mochte das Regelwerk und die göttlichen Weisungen. Ich stellte mir vor, wie eine mittelalterliche Heilige zu leben, hinter festen Mauern wohnend, der Arbeit hingegeben, mit

Leben nach Gott

einem direkten Draht zu Gott und einer langen Schlange von Pilgern, die darauf warten, mich zu sehen und von mir beeindruckt zu werden. Es entsprach meinem Wunsch nach Güte, Macht und Beachtung. An diese merkwürdige Sehnsucht aus meiner Kindheit erinnere ich mich jetzt wieder. Aber wenn ich mich in meiner Wohnung, meinem Badezimmer, meinem Schminkschrank, meiner Leseliste und den Screenshots auf meinem Handy umsehe, glaube ich nicht, dass ich die Einzige bin, die sich so etwas wünscht. In den letzten zehn Jahren zeigen sich diese Wünsche nämlich im immer größer werdenden Wellness- (allgemeiner: Selbsthilfe-) Markt, der auf ähnliche Weise verspricht, Geist, Körper und Seele durch eine endlose Reihe von Anleitungen, wie man rein und rechtschaffen sein kann, in Einklang zu bringen.

Als ich diese Zeilen schrieb, war die Wellness-Industrie weit über vier Billionen Dollar wert. Seit 2015 ist sie jährlich um 6,4 Prozent gewachsen – doppelt so schnell wie die Weltwirtschaft im Allgemeinen. Ihr enormer Aufstieg ist komplex – er hängt mit unserer Abkehr von traditionellen Gesundheitsdiensten und den veränderten Erwartungen an Altern, Aussehen und Funktionsweise unseres Körpers zusammen. Aber ich behaupte, dass er auch eine Antwort auf das kosmische Vakuum ist, welches so viele von uns in ihren Köpfen verspüren, nachdem sie die Religion hinter sich gelassen haben.

Anstelle von Priestern und Rabbinern wenden wir uns Influencern und Prominenten zu, die ebenfalls anbieten, unsere

Kapitel 4

Seelen und Körper reinzuwaschen. Scrollt man durch Instagram und sieht schöne Menschen, die elegant ihr Workout betreiben, sich dehnen, Kristalle umklammern und sich mit selbst gemachten Tinkturen und grünen Smoothies etwas Gutes tun, erkennt man vertraute Muster der Hingabe. Während ich früher zur Kommunion ging, um am Sonntag die Absolution zu erhalten, google ich jetzt nach 12-Stunden-Detox und probiere ein Salzbad aus.

Die unklaren Grenzen zwischen Religion und diesem undurchsichtigen, aber sehr erkennbaren Mischmasch aus undefinierter »Spiritualität« sind kein Zufall. Viele dieser taufrischen, fotogenen, austauschbaren Influencer haben ihre besten Tricks in der Kirche gelernt. Wenn Sie viel Zeit im Internet verbringen und Bilder von bunten Drinks, peppigen Zitaten und eleganten Wohnzimmern speichern und pinnen, sind Sie wahrscheinlich schon auf die christliche Influencer-Szene gestoßen – auch wenn Sie es nicht wussten.

Leute wie Sadie Robertson, Carlin Bates Stewart und Kristina Dapaah wechseln mühelos zwischen Selbsthilfe, Wellness und Bibelsprüchen hin und her und zeigen, wie austauschbar dies alles sein kann. Scrollt man durch solche Accounts, kann man leicht Bibelstellen mit allgemeinen #blessed-Platitüden verwechseln, die ihre Follower anweisen, keine Angst zu haben, toxische Gedanken abzulehnen, dankbar zu sein und Smoothies zu trinken. Sobald die Affirmationen in der schwungvollen Schreibschrift und den Pastellfarben von Instagram wiedergegeben werden, kann man oft nicht mehr erkennen, woher sie stammen. Obwohl es auf lange Sicht nicht so wichtig zu sein scheint, ist das Fazit jedes Mal dasselbe: Folge uns, um das Beste in dir zum Vorschein zu bringen.

Die erfolgreichste Navigatorin des Bereichs zwischen Religion, Wellness und verallgemeinerter, hochglanzpolierter, persönlicher Selbstverbesserung ist Rachel Hollis – Motivationsrednerin und Autorin des Selbsthilfe-Bestsellers *Girl, Wash Your Face*. Hollis ist die Tochter eines Pfingstpredigers, und in einem Gespräch mit der *New York Times* im Jahr 2019 gab sie zu, dass ihre Arbeit in der Tat eine Art Predigt sei: »In der Kirche, in der ich aufgewachsen bin, oder ehrlich gesagt in jeder Kirche, in die ich gegangen bin, benutzt der Pastor immer Geschichten aus seinem wahren Leben, um dir einen bestimmten Punkt zu verdeutlichen. Das ist genau das, was ich auch tue.« Diese Arbeit, wie auch die Instagram-Accounts, die sich in ihrem Windschatten tummeln, mischt luftig-lockere Girl-Power-Affirmationen mit christlicher Orientierungshilfe. Hollis ist quasi mehrsprachig: Sie verkündet gleichzeitig die Botschaften des Christentums, der Wellness, der Influencerin und der Selbsthilfe, sodass man kaum noch weiß, wie man diese Botschaften auseinanderhalten kann.

Natürlich muss man sich nicht so eng an die wörtlichen Vorgaben der Religion halten, um im 21. Jahrhundert nach Sinn zu suchen. Andere Orientierungen bieten einen vergleichbaren Rahmen mit einem noch undurchsichtigeren Sinn für Spiritualität. Im Gespräch mit *Market Watch* überlegt Melissa Jayne, Inhaberin der in Brooklyn ansässigen

Kapitel 4

»metaphysischen Boutique« Catland, warum sich unsere heutige Generation so sehr zu alternativen Sinnsystemen hingezogen fühlt: »Ob Zauberei, Tarot, Astrologie, Meditation und Trance oder Kräuterkunde, diese Traditionen bieten den Menschen greifbare Möglichkeiten, Veränderungen in ihrem Leben zu bewirken. Für eine Generation, die in einer Welt der Großindustrie, der Umweltzerstörung, großer, repressiver Regierungen und toxischer sozialer Strukturen aufgewachsen ist, die alle scheinbar zu mächtig sind, um sie zu verändern, kann dies unglaublich attraktiv sein.«

Insbesondere die Astrologie könnte die primäre kulturelle Kraft sein, welche die Besessenheit der heutigen Generation von Wellness durchbricht. Die Geschichte der Astrologie ist uralt; sie reicht Tausende von Jahren bis nach Babylon zurück und zieht sich um den gesamten Globus, denn Astrologie wird von China bis Griechenland praktiziert. Im Laufe der Zeit hat die Astrologie sich immer wieder unseren Bedürfnissen und Impulsen angepasst. Aber die gegenwärtigen, sichtbarsten Versionen wurden weitgehend von ihrem früheren Kontext befreit und für ein religionsfreies, aber bedeutungshungriges Publikum umfunktioniert.

Die Astrologie existiert und gedeiht heute als Teil der Mainstream-Kultur. Jemanden nach seinem Sternzeichen und Aszendenten zu fragen, ist so selbstverständlich wie die Frage, wo er oder sie aufgewachsen ist. Selbst wenn wir nicht an die Persönlichkeitsprofile und täglichen Vorhersagen »glauben«, nehmen dennoch unzählig viele von uns an solchen Ritualen teil. In der Religion geht es um Verwandlung, aber auch darum, uns selbst und andere zu verstehen. Die Astrologie bietet etwas Ähnliches an. Wir wissen (zumindest einige von uns), dass die Sterne über uns sowie die Zeit und sonstige Daten unserer Geburt von sich aus unserem Leben wahrscheinlich keinen festen Sinn zuweisen. Aber sie geben uns eine gemeinsame Sprache, mit der wir über Werte und Wünsche verhandeln können.

Die Astrologin der Zeitschrift *New York*, Claire Comstock-Gay, hat über das Durchhaltevermögen der Astrologie geschrieben: »Während die fortschreitenden wissenschaftlichen Erkenntnisse andere und besser überprüfbare Wege zum Verständnis des Wetters, der Erntezeiten oder der Politik lieferten, blieben unsere privaten inneren Welten und unsere chaotischen, komplizierten Beziehungen wild und geheimnisvoll und sind nie vollständig durch die Wissenschaft erklärbar.«

Wenn ich im gegenwärtigen Jahrzehnt an Astrologie denke, fällt mir Co-Star ein, eine durch KI gesteuerte Astrologie-App, die seit ihrem Start im Jahr 2017 über drei Millionen Mal heruntergeladen wurde und über 1,4 Millionen Instagram-Follower hat. Der Erfolg dieser App beruht auf dem Verständnis dessen, was eine neue Generation braucht und schätzt: Die Vehikel zur Sinnfindung sind ebenso bequem wie erhellend. Mitbegründerin Banu Guler sagt: »Es gibt heutzutage eine Art Glaubensvakuum: Wir gehen von der Arbeit in eine Bar, zum Abendessen und zu einem Date, alles ohne

Kapitel 4

jeden Anschein von Bedeutung. Astrologie ist ein Ausweg daraus, ein Weg, um sich selbst in den Kontext einer jahrtausendealten Geschichte und des Universums zu stellen.« Früher beanspruchte die Religion unser gesamtes Leben, um den Sinn der Dinge zu ergründen, doch im 21. Jahrhundert haben ihre Abgesandten den Prozess wie bei einem Facelift gestrafft.

Wie Co-Star, verbraucherorientierte Wellness- und religiöse Influencer bestätigen können, ist Sinn ein von Natur aus vermarktbares Produkt. So ist es nicht überraschend, dass die Wirtschaft erkannt hat, dass unser Wunsch nach Sinn, Führung und Erlösung uns zu einer attraktiven Zielgruppe macht. Um eine erfolgreiche, beliebte Marke für Millennials oder Gen Z zu sein, muss man nicht nur ein gutes Geschäftsmodell haben. Man muss auch für etwas *stehen*. Unternehmen sind immer mehr in die Rolle einer hochgeistigen Autorität geschlüpft, welche die Themen Gemeinschaft, Transformation und Identität aufgreift, was eigentlich Aufgabe von Religionen ist. Der womöglich krasseste Vertreter dieser seltsamen Vermischung von Kommerz und Spiritualität ist das in New York City ansässige Fitnessunternehmen SoulCycle.

SoulCycle-Sitzungen sind im Wesentlichen Spinning-Kurse (bei denen man sich auf dem Fahrrad-Ergometer abstrampelt). Nur dass die Räume von SoulCycle neben Standfahrrädern auch mit gedämpftem Licht, Kerzen und Trainern ausgestattet sind, die ihre Anweisungen, härter in die Pedale zu treten, mit Passagen moralischer und spiritueller Anleitung unterbrechen. In einem Gespräch mit Katrina Brooker

Leben nach Gott

für ihren *Fast Company*-Artikel »How Cult brands like Soul-Cycle and Airbnb are Actually Kinda Cult-like« stellte Casper ter Kuile, Ministry Innovation Fellow an der Harvard Divinity School und Mitautor des Berichts »How We Gather«, fest: »Die Leute gehen zu ihren SoulCycle-Trainern mit Fragen, mit denen sie früher zu ihren Pastoren gegangen sind, etwa: ›Soll ich mich von meinem Mann scheiden lassen?‹«

SoulCycle hat ein paar harte Jahre hinter sich, da sein Guru-Image durch Rassismus- und Sexismusvorwürfe Schaden erlitten hat, hinzu kam die finanzielle Unterstützung für Präsident Trump durch den SoulCycle-Besitzer Stephen Ross. Doch das Modell, das diese Firma entwickelt hat, nämlich dass Fitness-Anbieter gleichzeitig als spirituelle Heiligtümer fungieren, hat sich bewährt. Bevor durch COVID-19 alle Fitnessstudios in meiner Nähe geschlossen wurden, war ich Mitglied eines sehr fotogenen Pilates-Studios, in dem junge Leute, die wie ich aussahen, sich auf gewundenen Pilates-Reformern festschnallten und kleine, quälende Übungen wiederholten. Ich ging dorthin, weil ich in meinem Badeanzug besser aussehen wollte. Ich besuchte die Kurse regelmäßig, weil die sanftmütigen, leise sprechenden Trainer ihre Aufforderungen, mein Becken zu straffen, mit offenen, existenziellen Fragen über unsere Selbstwahrnehmung, über Ehrgeiz, Glück und körperliche Eitelkeit verbanden. Nach ein paar Monaten bemerkte ich, dass ich mich am Ende eines besonders anstrengenden Tages oft noch abmühte, den letzten Platz in einem Abendkurs zu ergattern, in der Hoffnung, der Lehrer würde etwas Erhellendes sagen, das mein Gehirn entwirren und mir einen kurzen Moment der Ruhe für den Abend geben würde. Wäre ich ein paar Jahrzehnte älter, hätte ich auf dem Heimweg vielleicht ein Gotteshaus aufgesucht. Doch so begnügte ich mich mit meinem hellen Holzstudio.

Es ist verständlich, dass wir eifrig nach neuen Glaubensformen suchen und uns an sie binden wollen. Schließlich hat die Religion in der Vergangenheit unzähligen Menschen Trost und Orientierung gegeben – das Gefühl, dass es mehr im Leben gibt, sowie die tröstliche Gewissheit, dass unser Leben und das, was wir tun, einen Sinn haben. Untersuchungen haben gezeigt, dass Erwachsene, die eine Verbindung zur Spiritualität haben, im Allgemeinen glücklicher sind als diejenigen, die über keine solche Bindung verfügen. Sie neigen auch weniger dazu, Alkohol und Drogen zu missbrauchen, und erfreuen sich infolgedessen möglicherweise einer besseren Gesundheit. In seiner *Atlantic*-Kolumne »How to Build a Life« beschäftigt sich Arthur C. Brooks regelmäßig mit den täglichen Praktiken, die zu dauerhaftem Glück führen können. Er schreibt: »Ob man sich einer organisierten Religion anschließt oder nicht ... eine bestimmte Praxis oder Struktur, die einem die Gelegenheit gibt, über die Mysterien des Lebens nachzudenken und sich nicht nur auf das eigene Ich zu konzentrieren, kann Glück und Lebenszufriedenheit erheblich steigern.«

Gott, Philosophie, Horoskope und Pilates können einen Rahmen bieten, der Sie dabei unterstützt, die großen Fragen über Ihr eigenes Leben, Ihre Überzeugungen, Werte und Ihre Ehrbarkeit zu stellen. Auch wenn hier einige Bezugsrahmen wertvoller sind als andere.

Seit 2020 verloren einige unserer moralischen Leitbilder des 21. Jahrhunderts immer mehr an Wert. Während der COVID-19-Krise beobachteten viele, wie sich die öffentliche Meinung immer mehr gegen Influencer, Wellness-Gurus und Lifestyle-Prominente richtete, denen wir bislang so hingebungsvoll gefolgt waren. Die verlockenden Versprechungen von glänzender Haut, offenen Herzen und erweiterter Aura fühlten sich angesichts der harten physischen Realität eher schal an.

Als das Leben noch (einigermaßen) stabil war, richtete sich unser Blick weg von Priestern, Ayatollahs, Rabbinern, Imamen und Propheten auf die nächstgrößeren Persönlichkeiten in unserer Blickrichtung: auf Prominente. Natürlich orientieren wir uns schon seit den Anfangstagen von Hollywood an Stars, damit sie uns erzählen, wie wir leben, uns kleiden und einkaufen sollen. Aber in den letzten Jahren, in denen wir uns von spirituellen Führern entfernt und von politischen entfremdet haben, ist die Rolle der Prominenten als emotionaler Kompass immer wichtiger geworden. Sie haben zentrale, manchmal sogar impulsgebende Positionen in sozialen Bewegungen eingenommen. Nach der Wahl von Donald Trump – einem Mann, den wir zuvor nur aus dem Fernsehen kannten und der nicht über die praktische Erfahrung verfügte, ein Land zu führen – schrie die Öffentlichkeit

Kapitel 4

nicht etwa nach einem Berufsbeamten, der uns retten sollte. Vielmehr flehten wir die TV-Moderatorin Oprah Winfrey an, einzuspringen, als Präsidentin zu kandidieren und dem Amt wieder eine echte Relevanz zu geben. Unser Vertrauen in den Ruhm war so groß, dass wir glaubten, das Einzige, was unsere zu starke Ausrichtung auf eine Berühmtheit korrigieren könnte, sei eine entsprechende übertriebene Ausrichtung auf eine andere.

Wie sich herausstellte, bedurfte es erst einer globalen Pandemie, um uns bewusstzumachen, wie freizügig wir Positionen der moralischen Instanz vergeben hatten. Während der Krise kämpften die Verantwortlichen weltweit darum, die besten Sicherheitsmaßnahmen auf die Beine zu stellen und ein Gefühl der Einheit und Zielstrebigkeit zu wecken. Da aber viele Orte der Anbetung bereits aus unserem Leben verschwunden waren, stellte sich die Frage, wie wir stattdessen große Gruppen um die Idee der Zusammengehörigkeit vereinen sollten. In diesem Vakuum kamen viele Prominente auf die Idee, dass es an ihnen läge, hier einzuspringen. Film-, Pop- und Sportstars machten öffentliche DIY-Ansagen, in denen sie uns aufforderten, zu Hause zu bleiben, unsere Hände zu waschen, Masken zu tragen und aufeinander aufzupassen. Das berüchtigtste dieser Angebote war das »Imagine«-Video, in dem Gal Gadot, Natalie Portman, Will Ferrell, Mark Ruffalo und ihre Freunde versuchten, die verängstigten Massen durch ihren stimmgewaltigen Gesang zu beruhigen. Andere gaben wichtigtuerische Statements und vollkommen nichtssagende Meinungen aus ihren palastartigen Anwesen von sich, was zur Folge hatte, dass man die Internet-Auftritte von Ellen DeGeneres, Vanessa Hudgens und Evangeline Lilly wegen ihrer schrägen Reflexionen über die Krise sehr schnell wieder vergaß.

Obwohl ein solches Auftreten viel Kritik nach sich zog, forderten die Leute deshalb im Allgemeinen noch lange nicht, dass die Prominenten sich nun komplett von unseren Bildschirmen fernhalten sollten. Wir, die User, gaben vielmehr zu verstehen, dass das Vertrauen, das wir in diese Promis gesetzt hatten, sowie unsere frühere Suche nach Bedeutung und Reflexion in den Handlungen dieser Promis ganz gewiss fehl am Platz waren. Während ich mich, wie jeder andere auch, über diese Stars freimütig lustig machte, musste ich innerlich zugeben: »*Wir* haben sie doch erst dazu gemacht. Wir haben sie so hoch über uns erhoben, weil wir verzweifelt jemanden gesucht haben, der uns sagt, was wir tun sollen.«

Es ist sehr einfach, an meinem Schreibtisch zu sitzen und zu sagen, dass alle Suche nach Sinn bei Religionen oder deren Stellvertretern irregeleitet ist. Denn wer so etwas sagt, der verkennt, dass der Glaube an etwas uns tatsächlich Trost bieten kann. Unsere Gehirne wollen das Chaos vermeiden: Sie wenden sich Narrativen zu, die uns das Gefühl geben, dass wir nicht allein sind, dass unser Schmerz aus einem ganz bestimmten Grund vorhanden ist. Wir wollen glauben, dass unser Leiden nicht vergeblich ist – dass es einen Wert hat und uns zu etwas Wertvollem führt. Ich weiß, dass es gefühl-

Kapitel 4

los und selbstgefällig ist, wenn man das herunterspielt. Als Kind war ich vielleicht noch stolz darauf, das Leben leichtfertig für sinnlos zu erklären. In der Pubertät war es ebenfalls noch leicht, beim Thema Gott mit den Achseln zu zucken. Aber je älter ich werde, desto mehr frage ich mich, ob es nicht grausam ist, jemanden von seinem Konzept des Sinns abzubringen.

Meine Eltern haben beide eine schier endlose Reihe an körperlichen, emotionalen und finanziellen Prüfungen hinter sich, wobei ich nicht weiß, ob ich sie hätte bewältigen können. Für meine Eltern sind Gott, Gebet, Kirche und Glaubenssätze Orte der Erholung. Was bleibt ohne diesen Zufluchtsort? Eine Pechsträhne und eine Menge Schmerz? Schmerz, den man im Streben nach etwas verspürt, ist edel. Schmerz im Streben nach gar nichts ist tragisch.

Der Wunsch nach Erlösung zeigt sich am deutlichsten in den Vorstellungen vom Leben nach dem Tod, ein wiederkehrendes Element in den meisten großen Religionen. Wenn sie von diesem Zustand nach dem Tod sprechen, in dem wir völligen Frieden erfahren können, nennen die Religionen ihn vielleicht Himmel, Paradies, Moksha oder Nirvana. Aber es ist immer ein endgültiges Ziel. Eines, auf das man sein ganzes Leben lang hinstrebt, ein Trost für die Qualen und eine Belohnung für das Gute. Wenn ich über diese spirituellen Wege nachdenke, fallen mir immer diese Motivationsplakate ein, die einen daran erinnern, dass »das Leben keine Generalprobe« ist. Das ist aber genau das, was die Religionen eigentlich sagen. Dieses Leben, so verkünden sie, sei letztlich nur eine Vorbereitung auf das nächste.

Neuere Sinnsysteme drücken weniger direkt die Idee eines buchstäblichen zweiten Ortes aus, an dem wir endlich glücklich sein werden. Aber sie drehen sich immer noch um Motive von Aufbruch, Verwandlung und den Drang, einen anderen Zustand zu erreichen: einen, in dem wir endlich strahlend, rein, schön und gesund sind. Das Problem dabei ist nur, dass wir automatisch die Gegenwart abwerten, wenn wir einen solchen Wert erst in einem Leben nach dem Tod sehen, an einem Ort, der nur in der Theorie existiert. Religionen – egal welche Form sie annehmen und aus welchem Jahrzehnt sie stammen – mögen einen Weg darstellen, unsere Welt infrage zu stellen und zu verstehen. Aber sie entfernen uns dadurch auch von ihr. Sie machen die Existenz, den Schmerz und die Freude daran zu einer Prüfung, die es zu ertragen und durchzustehen gilt.

Nach Nietzsches Tod wurden viele seiner Ideen von Jean-Paul Sartre aufgegriffen, einem führenden Vertreter des Existenzialismus. Auch die Existenzialisten wandten sich von pauschalen, allgemeingültigen Sinnvorstellungen ab und konzentrierten sich stattdessen auf das Individuum. Wenn das Leben keinen Sinn in sich hat, dann liegt es an uns, unseren eigenen Sinn zu erschaffen oder zu definieren. So gesehen könnte man Wellness, Prominentenverehrung, Selbsthilfe, Horoskope, das Verbrennen von Salbei und das Sammeln von Kristallen als existenzielle Handlungen betrachten. Aber für mich

Kapitel 4

führen sie immer noch zu den gleichen kniffligen Problemen: zu Standards, die festgelegt werden müssen, zu Erwartungen, die nicht erfüllt werden können, und zu einer übermäßigen Abhängigkeit von einer externen Quelle, die uns die Rechtfertigung liefert, warum jeder Tag lebenswert ist. Diesem Drang nach Halt zu widerstehen und stattdessen der unendlichen Sinnlosigkeit unseres Lebens, unseren Freuden, Ängsten und unserer Existenz ins Auge zu sehen, ist für viele erschreckend. Es wirft uns völlig hilflos auf uns selbst zurück. Aber es macht uns auch vollkommen frei.

Zu Beginn der Pandemie und den daraus folgenden Lockdowns traf ich die vermutlich fragwürdige Entscheidung, *Die Pest* von Albert Camus zu lesen. Das Buch beschreibt einen Arzt, der in der französisch-algerischen Stadt Oran arbeitet und lebt, während eine Seuche die Bevölkerung heimsucht. Wie auch ich sind die Charaktere von ihren Nächsten isoliert und unsicher, was die Zukunft bringen mag. Sie bemühen sich zu akzeptieren, wie schnell ihr Leben aus den Fugen geraten kann. Ihr Schmerz und ihr Trauma haben weder Zweck noch Sinn.

Camus hat viel Nietzsche gelesen; er lehnte gleichfalls die Idee von Gott ab und setzte sich mit dem Nihilismus auseinander. Er interessierte sich für die Frage, was es bedeutet, ohne die Erwartung einer Erlösung zu leben, und sah in der Fixierung auf einen anderen Zustand eine Quelle der Qual – eine Qual, die dem Einzelnen das Gefühl der Verantwortung für die aktuell existierende Welt nimmt, nicht für jene, die sich vielleicht in der Zukunft offenbaren wird. In *Die Pest* fragt die Figur des Rieux: »Da die Ordnung der Welt durch den Tod bestimmt wird, ist es für Gott vielleicht besser, dass man nicht an ihn glaubt und mit aller Kraft gegen den Tod ankämpft, ohne die Augen zu diesem Himmel zu erheben, in dem er schweigt.« Rieux begreift, dass es an ihnen liegt, zu handeln und anderen zu helfen. Es gibt sonst niemanden.

Außer der Möglichkeit, sich der unmittelbaren Verantwortung zu entziehen, zeigte Camus auch, dass selbst inmitten der Katastrophe die Sinnsuche den Wert dessen, was im Moment existiert, verringern kann. Ich empfand die Lektüre der *Pest* als eine seltsam beruhigende Erfahrung. Meine Gefühle und meine Realität wurden davon angesprochen. Während ich die Nachrichten verfolgte und Angst um mein Leben und das Leben derjenigen hatte, die ich liebte, hatte ich keine Angst, dass mein Leben, das sich plötzlich so zerbrechlich anfühlte, sinnlos wäre. Ich wusste tatsächlich, wie viel es bedeutete. Es war wohl unvollkommen und flüchtig, dabei aber wertvoller als alles, was ich sonst je erfahren hatte.

In den ersten Monaten von COVID-19 suchten wir nach Sinn und Grund: Warum geschah das mit uns? Was konnten wir daraus lernen? Wofür war das alles gut? Nach fast einem Jahr mit COVID-19 stelle ich mir diese Fragen nicht mehr. Ohne die Suche nach wahrem Sinn oder die Konzentration auf eine andere Welt bin ich ganz in meinem eigenen Körper, Geist und Leben. Wenn ich aufhöre, nach etwas anderem zu suchen, sehe ich die Gegenwart klar. Ohne eine höhere

Kapitel 4

Macht, die mich kontrolliert, ohne einen höheren Zweck, der im Spiel ist, liegt die Verantwortung, ein gutes Leben zu gestalten, ganz allein bei mir. Ich widerstehe dem Drang, andere zu bitten, mir zu sagen, was sinnvoll ist. Ich schaue mich um und sehe für mich selbst: Was ist gerade jetzt schön, lecker, aufregend, erschreckend, unwägbar? Was gibt meinem Leben das Gefühl, wertvoll und reich zu sein, obwohl ich weiß, dass es letztlich sinnlos ist?

Die Antworten, die ich erhalte, fallen nicht besonders groß oder kompliziert aus; sie müssen nicht in Vorstellungen vom Himmel oder einem Leben nach dem Tod eingebunden sein. Sie sind einfach und klein, und sie sind jetzt zugänglich. Heute ist der erste Frühlingstag. Gestern wurde mein Neffe zehn Jahre alt. Die wärmende Sonne, unsere sich durch den Raum bewegenden Körper versprechen, dass keine Katastrophe das Leben aufhalten kann, dass die Jahreszeiten immer wiederkommen, egal was passiert. Mein Leben ist nicht etwas, das man überlebt und erträgt. Es ist alles, was ich habe; es ist das einzige Leben, und mit diesem Verständnis wird meine sinnlose, gewöhnliche Existenz himmlisch.

Kapitel 5

Nihilismus auf Abwegen

Als dieses Buch noch kein Buch war, sondern ein Sammelsurium von Ideen, Schreibproben und grundlegenden Kapitelskizzen, brachte mein Agent es zu mehreren Verlagen, um herauszufinden, ob jemand Lust hätte, daran weiterzuarbeiten. Einigen Leuten gefiel es, anderen nicht, aber eine Reaktion blieb bei mir hängen: das Entsetzen eines Verlegers. Er behauptete, Nihilismus sei ein so gefährliches Thema, dass es eigentlich zu jeder Zeit – besonders aber in einer Zeit, die so sehr von Apathie, Gier und destruktivem Konsum geprägt ist – leichtsinnig sei, sich dafür einzusetzen.

Offensichtlich war ich anderer Meinung. Aber die Abscheu und Besorgnis des Verlegers wegen des Themas gaben mir zu verstehen, was viele Menschen von dieser Denkweise halten. Die Kritik am Nihilismus ist verständlich. Wie schon erwähnt kann man, quer durch die Geschichte, eine Menge finsterer Aktivitäten mit ihm in Verbindung bringen. Nazis, Anarchisten und Fatalisten haben sich allesamt in ihm wie-

Kapitel 5

dergefunden und ihn derart verdreht und umgeformt, dass er sich für ihre üblen Ziele eignete.

Dieser Trend ist nicht auf die Vergangenheit beschränkt. Viele der brutalsten und erschreckendsten Aspekte der Kultur des frühen 21. Jahrhunderts sind immer noch von Reflexionen über Sinnlosigkeit durchsetzt. Verschwörungstheoretiker, Incels, Alt-Right-Gruppen und andere auf Hass basierende Bewegungen picken sich regelmäßig Teile der nihilistischen Philosophie heraus, um ihre abscheulichen Aktionen zu rechtfertigen. Wenn wir also über Nihilismus diskutieren und darüber, wie er in unserem Leben durchaus konstruktiv wirken kann, sofern er sorgfältig gehandhabt wird, ist es wichtig, der Frage nachzugehen, warum er sich so gut für solch verstörende Erscheinungen eignet.

Es liegt in der Natur des Nihilismus, dass er eine Leere schafft, wo vorher Sinnsysteme existierten, und es gibt viel zu gewinnen, wenn man diesen leeren Raum betrachtet. Ein Leben ohne Sinn zu akzeptieren, bedeutet, das eigene Verständnis von Wert, Nutzen, Zeit, Glück, Erfolg und Verbindung zu überdenken. Aber es birgt auch Risiken, was Nietzsche selbst erkannt hat. In *Jenseits von Gut und Böse* schrieb er: »Wer mit Ungeheuern kämpft, mag zusehn, dass er nicht dabei zum Ungeheuer wird. Und wenn du lange in einen Abgrund blickst, blickt der Abgrund auch in dich hinein.«

Leere bietet uns eine Gelegenheit zur Reflexion, sie ist aber auch ein Raum, der mit allem gefüllt werden kann, was wir haben wollen. Der Nihilismus kann als Spiegel dienen, der unsere eigenen Überzeugungen reflektiert und verzerrt. Nähern Sie sich ihm mit Schmerz und Angst, dann werden diese Gefühle verstärkt. Nähern Sie sich auf der Suche nach einer Möglichkeit, schlechtes Verhalten zu entschuldigen, werden Sie auch das finden.

Während ich für dieses Kapitel recherchierte – und in Foren, Publikationen, Podcasts und YouTube-Löcher abtauchte, um die dunkelsten Abgründe des Nihilismus und die grausamen Wege zu erkunden, auf denen er sich manifestieren kann –, war ich oft überrascht, dass ich mich Überzeugungen gegenübersah, die meinen eigenen ähnelten. Auf den ersten Blick würde ich sagen, dass die Personen, die diese Überzeugungen vertraten, das vollständige Gegenteil von mir verkörperten. Die schmerzliche Wahrheit ist aber, dass wir eine gemeinsame Grundideologie haben – wenn auch eine, die uns auf sehr unterschiedliche Wege geführt hat. Wenn wir den Nihilismus als einen konstruktiven Weg nutzen wollen, um unser Leben zu untersuchen und in die Leere zu starren, ohne dabei innerlich zugrunde zu gehen, muss diese Dualität auf den Prüfstand gestellt werden.

Die verschiedenen Ausdrucksformen des Nihilismus beeindruckten mich besonders, nachdem der COVID-19-Lockdown verhängt worden war, als einige Pandemie-Skeptiker damit begannen, »Freiheitsproteste« zu organisieren. Diese Veranstaltungen wurden von einer bunt gemischten Gruppe von Impfgegnern, Wellness-Kriegern, Verschwörungstheoretikern und sehr verängstigten und frustrierten Bürgern an-

Kapitel 5

geführt und besucht. Ich stimmte weder mit den Gruppen noch mit ihrer Argumentation überein, aber während ich mir ihre verwackelten Handy-Video-Monologe und ihre Twitter-Nachrichten reinzog, erkannte ich meine eigenen Spuren in ihren Argumenten.

Im Jahr 2020 diese Zeilen zu schreiben und mich auf die Leere zu fixieren, bedeutet, sich auf viele halbfertige Gespräche über die Unvermeidlichkeit des Todes einzulassen und verinnerlichte Vorstellungen von Vernunft, Wert, Autorität, Macht und Realität zurückzuweisen. Als ich den COVID-19-Skeptikern zuhörte, die darüber sprachen, wie die moderne Welt uns krank und traurig macht, und uns gleichzeitig dazu aufrufen, sich der Brutalität der Existenz zu stellen, hörte ich tatsächlich einige Phrasen, die ich vorher selbst benutzt hatte.

Es gab einen Clip, der in den sozialen Medien geteilt wurde und den ich besonders schockierend fand. Er präsentierte eine in Erdtönen gekleidete, mit Mondstein geschmückte Frau, die in einer Rede erklärte: »In dieser Welt lebst du, bis du stirbst.« Diese Frau rief die Menschen dazu auf, wirklich zu leben, bis sie sterben. Sie meinte, dass jeder Versuch, das unvermeidliche Chaos des Lebens zu verleugnen – etwa durch das Tragen einer Maske –, vergeblich sei im Angesicht eines Universums, das letztlich macht, was es will. Einer der Leute, die das Video auf Twitter teilten, nannte es ein »ASMR mit schwarzer Pille«.

Als ich sie sah, wie sie in ihrem sonnendurchfluteten Wohnzimmer stand, mit offenen Fenstern und einem schwach er-

Nihilismus auf Abwegen

kennbaren New-Age-Kunstwerk im Hintergrund, kam mir der Gedanke, dass diese Frau eine kosmische Nihilistin war. Als ich den Clip meinem Freund zeigte, fragte ich ihn: »Höre ich mich auch so an? Wenn ich ebenfalls sage, dass nichts wirklich wichtig ist, bin ich dann so viel anders als sie?«

Als er den Clip über meine Schulter sah, zerstreute er meine Befürchtung mit der Bemerkung: »Du bist anders, weil du kein Arschloch bist.« Ich starrte die Frau mit großen Augen an, als sie über ihre Hoffnung sprach, dass die Menschen einen Weg finden würden, ihr Leben zu genießen, und fragte mich: Ist sie denn ein Arschloch? Die Sache schien mir doch komplizierter zu sein.

Die Kluft zwischen den Menschen, mit denen ich übereinstimmte, und denen, mit denen ich nicht übereinstimmte und die vom Nihilismus eher besänftigt als aufgezehrt wurden, konnte nicht nur in einem schwammigen Moralgefühl bestehen. Meine Reise führte mich zum fröhlichen Nihilismus, einem Bereich, in dem ich mich frei, aber klar ausgerichtet fühle, mich dabei selbst als reduziert ansehe und dennoch mit den Menschen um mich herum verbunden bin. Diese Frau hatte einen anderen Weg eingeschlagen. Ihr Weg war toxisch geworden, sodass ihr das Leben anderer Menschen gleichgültig wurde und sie sicher war, dass unsere Zeit auf der Erde nicht nur sinnlos, sondern auch wertlos war. Für mich dagegen war der Nihilismus eine Offenbarung, ein Raum, in dem ich endlich atmen kann. Für andere Menschen ist die Bedeutungsleere erdrückend. Ein klaffendes Loch, das so ab-

Kapitel 5

schreckend ist, dass es sie anfällig für Ausbeutung macht oder sie einlädt, selbst zu Ausbeutern zu werden.

Die erste Welle des Nihilismus am Ende des 19. Jahrhunderts fiel in eine Zeit großer politischer, wirtschaftlicher, sozialer und kultureller Veränderungen, in der die Menschen ihr Leben und ihre Sichtweise von Grund auf überdachten. Die Philosophie formulierte, dass die historischen Wege, Sinn und Zweck zu bestimmen, nicht endlich, sondern flexibel seien und infrage gestellt, neu gestaltet und auch verworfen werden könnten.

An anderer Stelle in diesem Buch habe ich dargelegt, wie wir wieder einmal in einzigartiger Weise für eine Rückkehr zum Nihilismus gerüstet sind. Von Eltern, die ihre Kinder nach der Schule abholen, bis zu Usern in den tiefsten Winkeln des Internets schauen die Menschen auf die Gesellschaft und finden sie mangelhaft, verlieren den Glauben an historische Institutionen, wehren sich gegen die Berichterstattung der Medien und stellen die Existenz von Systemen und Strukturen infrage. Manchmal ist das konstruktiv. Manche Fragen können bei einer Einstellungsänderung vielleicht hilfreich sein: Warum arbeite ich auf diese Weise? Warum schätze ich die Dinge, die ich tue? Warum verinnerliche ich die Erwartungen anderer, wenn sie mir doch das Gefühl geben, ausgelaugt und hohl zu sein? Zu anderen Zeiten sind diese Fragen vielleicht heimtückisch und untergraben die Grundlagen einer fairen und sicheren Gesellschaft, indem sie andere Fragen aufwerfen: Warum muss ein Präsident ehrenhaft sein? Warum muss eine Regierung sich für die Bedürfnisse der Schwächsten einsetzen? Warum muss ein Journalist vor Verfolgung geschützt werden?

Nach seinen eigenen Worten philosophierte Nietzsche »mit dem Hammer«, zertrümmerte grundlegende Vorstellungen und forderte seine Leser dazu auf, herauszufinden, was mit den Bruchstücken (der Philosophie) reformiert werden könnte. Doch bei so breiten Rissen und Spalten kann eine Menge einsickern.

Nietzsche hat eine eigene Geschichte der Missinterpretation und Zweckentfremdung durch gefährliche Gruppen vorzuweisen. In den 1930er Jahren nahmen Faschisten Teile aus seinem Werk, um ihre eigene Grausamkeit und Bosheit zu untermauern. Heute ist er zum Aushängeschild für einige der freudlosesten Gestalten geworden, die sich im Internet über Kultur und das Leben auslassen. Vor fast hundert Jahren schwärmte Hitler von Nietzsches Büchern, und Richard Spencer, der Neonazi, der behauptet, den Begriff »Alt-Right« geprägt zu haben, erklärt stolz, durch Nietzsche »die Wahrheitspille« erhalten zu haben. In seinem *Vox*-Beitrag »The altright is drunk on bad readings of Nietzsche. The Nazis were too« meinte Sean Illing: »Für jemanden am Rande der Gesellschaft, der in seinem eigenen Hass, seiner Entfremdung oder seiner Langeweile schmort, sind [Nietzsches] Bücher wie Dynamit. All ihre Desillusionierung erscheint plötzlich tiefgründig, als sei man gerade über ein Geheimnis gestolpert, das den eigenen Zustand rechtfertigt.«

Kapitel 5

Wenn ich Nietzsche lese, finde ich, dass er mein erschöpftes Gehirn von den Festlegungen befreit, die mich quälen: Erwartungen, wie mein Leben sein sollte, wie andere mich sehen sollten, wie ich mich fühlen sollte, wie ich meine Zeit verbringen sollte. Nietzsches Werk hat mich zu anderen Autoren wie Naomi Klein, Rebecca Solnit und David Graeber geführt, die mich ihrerseits ebenfalls zu der Frage gebracht haben, wie ich zu meinen Werten und Überzeugungen gekommen bin.

Aber wenn man Nietzsche liest oder den Nihilismus aus einer eher egoistischen oder hasserfüllten Perspektive betrachtet, gibt es viele Stellen, an denen man hängen bleibt. Nietzsches philosophischer Hammer kann dafür benutzt werden, um jeden Aspekt des modernen Lebens zu zerstören, den man als einschränkend oder unbequem empfindet oder der uns anderweitig daran hindert, das zu tun, was wir wollen. Manche Menschen fühlen sich dazu genötigt, den Bereich von Sinnhaftigkeit mit den Ideen auszufüllen, die ihnen am besten dienen. Wie Illing weiter ausführt: »[Nietzsche] sagt Ihnen, dass die Welt falsch ist, dass die Gesellschaft auf dem Kopf steht, dass alle unsere heiligen Kühe darauf warten, geschlachtet zu werden. Wenn Sie also in einer multiethnischen Gesellschaft leben, verwerfen Sie den Pluralismus. Wenn man in einer liberalen Demokratie lebt, macht man sich für den Faschismus stark. Kurzum, man wird politisch inkorrekt – und hält sich dabei noch für einen Rebellen.«

Interessanterweise übersehen viele derjenigen, die den Nihilismus auf diese Weise lesen, dass Nietzsche ausdrücklich

Nihilismus auf Abwegen

vor dieser Art von Interpretation gewarnt hat. Auch wenn er wahrscheinlich nicht der charmanteste Mann der Welt war, ärgerte er sich über den Wunsch der Menschen, sich durch ihre »Rasse«, ihren Glauben oder ihr Land zu definieren; er ärgerte sich über diejenigen, die ihre eigene Identität und Weltanschauung glätten, um in einer homogenen Masse aufzugehen, die genauso denkt, handelt und Befehle befolgt wie sie.

Nietzsche war nicht blind für die Tatsache, dass seine eher allgemeine Darstellung des Nihilismus diese philosophische Strömung für allerhand Interpretationen und Manipulationen öffnete. Ihn erschreckte der Gedanke, welche unqualifizierten und untauglichen Leute sich eines Tages auf seine Autorität berufen könnten. Doch das sei die Qual eines jeden Lehrers, der wisse, dass er unter den gegebenen Umständen und Zufällen sowohl zu einer Katastrophe als auch zu einem Segen für die Menschheit werden könne. Nietzsche stellte sich eine Zukunft vor, in der die Menschen die Leere des Nihilismus mit ihren eigenen Bedürfnissen und Wünschen ausfüllten, doch zugleich fürchtete er sie auch. Aber so einsichtig er war, es ist schwer vorstellbar, dass er erwartete, einen Spalt zu erzeugen, aus dem sich die Realität selbst ergießen würde, nachdem er die Grenzen dessen durchlöchert hatte, was man uns zu glauben beigebracht hatte.

Der Nihilismus fordert Sie auf, der Idee, dass Ihr Leben einen Sinn hat, grundsätzlich zu misstrauen. Dabei werden auch lange verinnerlichte Konzepte über Religion, Identität, Wert, Arbeit und Liebe ins Wanken gebracht. Aber der Bruch

Kapitel 5

mit elementaren Vorstellungen, die die Wahrnehmung von Gut, Böse und Wahrheit untermauern, kann auch eine verräterische Tür öffnen.

In den letzten Jahren haben wir alle den rasanten Aufstieg neuer und bestehender Verschwörungstheorien miterlebt. Familien-WhatsApp-Gruppen, soziale Feeds und sogar die Parlamentssäle sind voll mit schrägen Meinungen über Pandemie, Technologie, Umwelt, Gesundheitswesen, Politiker und kulturelle Führer, die den meisten Menschen früher zu lächerlich erschienen wären, als dass man laut darüber gesprochen hätte.

Als Erwachsener verdrehe ich die Augen, wenn neue Weltordnungen und Verschwörungen des Deep State zur Sprache kommen. Aber ehe sie das Mainstream-Leben durchmischten, zu Gewalttaten inspirierten und Institutionen der Macht bedrohten, an die ich noch ein wenig glaube, wurde ich selbst von vielen dieser Ideen angezogen. In meinen Teenagerjahren verschlang ich Bücher über Kryptozoologie, antike Außerirdische, die Illuminaten und das Okkulte. Mein Interesse war teilweise sehr fantasiegesteuert: Ich genoss diese Dinge ebenso wie Horrorfilme oder meine Freunde bei Übernachtungen mit Schauermärchen in Angst und Schrecken zu versetzen. Aber ich fand es auch klärend, die Welt wie gewohnt zu betrachten und zu fragen: Was sonst noch?

Diese seltsamen Geschichten boten einen alternativen Fahrplan der Welt, in der die Dinge nicht das waren, was sie zu sein schienen. Sie boten auch Erklärungen dafür, wie

Nihilismus auf Abwegen

Menschen, von denen ich durchaus glauben wollte, dass sie grundsätzlich gut sind, einander auf so schreckliche Weise behandeln konnten. Diese Geschichten existierten in dem Teil meines Gehirns, der sich jetzt mit Aktivismus, kritischem Denken, linker Politik, dem Infragestellen dessen, was mir beigebracht wurde, und, ja, mit dem Nihilismus beschäftigt.

Bei der Arbeit an diesem Kapitel habe ich viel Zeit darauf verwendet, die Hauptströmungen des Verschwörungsdenkens zu erforschen, die heute existieren. Die wichtigste Strömung dabei ist zweifellos QAnon: eine Sammlung von verqueren Ideologien, Ängsten, Theorien, von Hysterie und Bigotterie, die so verworren und komplex ist, dass es schwierig ist, sie zu erklären, ohne den Rest des Buches damit zu füllen. Aber ich werde es dennoch versuchen.

QAnon tauchte erstmals 2017 auf, als eine (zum Zeitpunkt des Schreibens) anonyme Person (oder mehrere Personen), die sich selbst »Q« nannte und behauptete, ein hochrangiger Beamter in der US-Regierung zu sein, kryptische Nachrichten auf dem Imageboard 4chan zu posten begann. Frühe Berichte waren noch weitgehend politisch (pro Trump, anti Clinton), aber im Laufe der Jahre wurde die Verbreitung der Bewegung dadurch vorangetrieben, dass sie bestehende Verschwörungstheorien zusammenführte, um dadurch einen sich ständig ändernden Komplex von Ideen zu errichten, zu dem jeder, der wollte, seine eigene Agenda hinzufügen konnte.

Als er die aktuelle Weltanschauung dieser Gruppe in der *New York Times* aufschlüsselte, erklärte Kevin Roose:

Kapitel 5

»QAnon ist der Oberbegriff für mehrere Internet-Verschwörungstheorien, die fälschlicherweise behaupten, dass die Welt von einer Clique Pädophiler geführt wird, die den Satan anbeten, sich gegen Herrn Trump verschworen haben und außerdem einen globalen Sexring mit Kindern betreiben ... Sie würden außerdem Kinder missbrauchen, diese Kinder töten und anschließend ihre Opfer aufessen, um eine lebensverlängernde Chemikalie aus ihrem Blut zu extrahieren.«

Früher haben die Leute noch Witze über QAnon und ihre bizarren Theorien gemacht, aber im Laufe des Jahres 2020 wurde die sehr reale Bedrohung durch QAnon deutlich. Deren Anhänger wurden mit mehreren mutmaßlichen kriminellen Handlungen in Verbindung gebracht, darunter Morde, Entführungen und Überfälle. Im Jahr 2019 nannte das FBI diese Leute »inländische Extremisten, die von Verschwörungstheorien getrieben« seien und eine wachsende inländische Terrorgefahr darstellten. Diese Warnung hat das Wachstum von QAnon aber kaum gebremst: Bei der US-Wahl 2020 gewann Marjorie Taylor Greene, eine lautstarke QAnon-Anhängerin, den Sitz im Repräsentantenhaus des 14. Kongressdistrikts von Georgia. Als ein Mob von Tausenden von Trump-Anhängern am 6. Januar 2021 das US-Kapitol stürmte, von Präsident Trump angespornt und wütend über dessen Wahlniederlage gegen Joe Biden, wurden viele von ihnen mit QAnon-Abzeichen gesichtet.

Manchmal, wenn ich über QAnon lese, versuche ich mir eine Reihe von Umständen vorzustellen, unter denen ich (oder mein jugendliches Ich) dieser Gruppe beitreten würde. Wie desillusioniert müsste ich von der Welt um mich herum sein, um mich an einem solch kaputten Gegenentwurf zu beteiligen? Ich habe keinen Zweifel daran, dass ein gewisses Quantum an Nihilismus die Menschen in diese Sphären lockt. Wenn sie den Glauben an eine bestimmte Realität verlieren und sich von der Version des ihnen verkauften Sinns abwenden, suchen sie sich eben eine andere.

Für mich dagegen lädt der Nihilismus zu einem Perspektivenwechsel ein, der die Weite des Universums und unseren winzigen Platz darin berücksichtigt. Angesichts eines solchen Blickwinkels fühlen sich die Biegung eines Flusses oder die Ausmaße eines Baumes so weit und mächtig an wie unser langes, volles Leben. Es ist demütigend, darüber nachzudenken, aber es ist auch irgendwie entschleunigend. Es gibt keine aufregenden Wendungen, Enthüllungen oder Steigerungen zu entdecken. Es ist mehr wie *entspann dich, du bist nicht wichtig, also geh einen Hund streicheln oder so*.

Verschwörungstheorien sprechen Menschen an, die ebenfalls aufwachen und erkennen, dass sie für das Universum, die Gesellschaft und sogar für die Machthaber, die eigentlich auf sie aufpassen sollten, keine Rolle spielen. Aber anstatt dies zu akzeptieren, greifen sie nach einer alternativen Sichtweise: eine, die nicht behauptet, dass man nicht wichtig ist, sondern im Gegenteil, dass niemand so wichtig ist wie man selbst. Sie machen die Welt zu einem Ort, an dem das Individuum als Zeuge der Existenz, wie sie »wirklich ist«, zugleich Besitzer von Wissen und Macht ist. In seinem 1964 in der Zeitschrift *Harper* erschienenen Essay »The Paranoid Style in American Politics« schrieb Richard Hofstadter, dass der Verschwörungstheoretiker sich selbst »immer auf den Barrikaden der Zivilisation« sieht. Solche Leute sind die einzigen oder einige von den wenigen, die Veränderungen bewirken, Sinn finden und zielgerichtet handeln können. Auf den ersten Blick mögen Gruppen wie QAnon als ein Produkt des Nihilismus erscheinen, aber in gewisser Weise sind sie eben auch ein Versuch, dem Nihilismus zu entkommen.

In einer Sendung des TV-Senders ABC über die Verbreitung von COVID-19-Fehlinformationen im Internet durch Influencer und B-Prominente erklärte der Sozialanthropologe James Rose von der University of Melbourne, dass Verschwörungstheorien in stressigen Zeiten besonders gedeihen, weil die »bestehenden Ideensysteme der Menschen unter Druck zusammenbrechen und nicht mehr ausreichend erklären können, was um sie herum passiert«. Wenn Menschen ihre Jobs, ihr Einkommen, ihre Freiheiten, ihre Gesundheit und sogar die Menschen, die sie lieben, verlieren, suchen sie nach allem, was erklären kann, wie und warum »das alltägliche Leben so unberechenbar geworden ist«.

Für diese Menschen ist die Vorstellung, dass unser Leben aus keinem anderen Grund als dem eines grausamen Zufalls im Universum zerbrechen kann, erschreckender als die Vorstellung, dass wir von einem übermächtigen Feind angegriffen werden. Diese Leute glauben lieber an eine Version der

Nihilismus auf Abwegen

Welt, die ein Albtraum ist, in der die Anführer das Blut von Kindern trinken, als dass sie die nihilistische Alternative in Betracht ziehen. Lieber ist der Sinn des Lebens erschreckend, als dass er gar nicht existiert.

Wie inzwischen wahrscheinlich ziemlich klar ist, finde ich die Idee der Sinnlosigkeit zutiefst tröstlich. Aber ich verstehe, dass ich damit kaum in der Mehrheit bin. Der Gedanke, dass unser Leben im Grunde genommen nichts bedeutet, dass unsere eifrigsten Bemühungen wenig bis gar keine wirkliche Veränderung bewirken und dass das Universum unseren größten Freuden und tiefsten Sorgen gegenüber gleichgültig ist, ist schwer zu verkraften. Manchmal überwältigt mich das alles auch, denn ich bin kein totaler Gedankenexperimentier-Cyborg.

Als ich mir gestern Morgen die Zähne putzte, traf es mich wie aus dem Nichts: *Du wirst einfach eines Tages sterben, und das war es dann, all das wird umsonst gewesen sein.* Einen Moment lang spürte ich einen krampfartigen Schrecken, bevor ich mich daran erinnerte, dass ich dann nicht mehr da sein werde, um mir deswegen Sorgen zu machen. Ich ging in mein Wohnzimmer, öffnete ein Fenster, lehnte mich hinaus und dachte daran, dass ich diesen Moment nie mehr wieder erleben würde. Es war kein besonders schöner Tag: grau und regnerisch, mit peitschendem Wind, der mir verkündete, dass mein Heuschnupfen bald wiederkommen würde. Aber als ich über die Straße zu meiner Nachbarin schaute, die auf ihrem Balkon saß, dachte ich darüber nach, wie reich und

Kapitel 5

aufregend ihr Leben wahrscheinlich ist, dass ich davon nie erfahren würde, dass meine ganze Straße von Menschen und Gefühlen überquillt, mehr als mein Gehirn jemals begreifen kann. Die Welt schien in diesem Moment so voll und üppig zu sein, dass es sich wieder einmal verrückt anfühlte, noch mehr von ihr zu erwarten. Als ich mich an meinen Schreibtisch setzte, um den Tag zu beginnen, fühlte ich mich besser, und mein Gehirn ordnete sich neu.

Aber mein bewusster Nihilismus macht mich nicht blind für die Tatsache, dass für viele Menschen dieser eiskalte Moment der Sinnlosigkeit alles verschlingt. Er lässt sich nicht mit einem Blick nach draußen abschütteln. Ich will nicht verharmlosen, wie unerträglich schmerzhaft dieses Gefühl sein kann, und ich sage auch nicht, dass jeder einfach darüber hinwegkommen sollte. Nihilismus kann ein Vehikel unserer eigenen Überzeugungen und Vorurteile sein – ob es nun meine Tendenz zu einer Art hirnleerer Ruhe ist oder das verschwörerische Denken eines anderen. Aber er ist auch ein bequemes Gefäß für unsere tiefsten Ängste. Ängste vor Isolation, Lieblosigkeit, Wertlosigkeit: All das kann durch nihilistisches Denken leicht geschürt werden. Bei vielen Menschen löst es eine so tiefe Angst aus, dass es sie bis ins Mark korrumpiert. Nirgendwo trifft das mehr zu als bei der giftigsten und verstörendsten Manifestation des Nihilismus im 21. Jahrhundert – der Black Pill Community.

Bevor wir weitermachen, sollte ich kurz erklären, was Internet-»Pillen« sind. Um es einfach auszudrücken: Pillen sind

Nihilismus auf Abwegen

Online-Kurzbezeichnungen, die die Weltanschauung eines Individuums zum Ausdruck bringen. Während es scheinbar endlose Variationen gibt, die sogar bis in die Kreise von Umweltschützern und Feministinnen reichen, werden sie am häufigsten mit Incels, Alt-Right-Gruppen und anderen Gruppen mit extremistischer Doktrin in Verbindung gebracht.

Ihre Entstehung geht auf *Matrix* – den Lieblingsfilm des Internets – zurück, in dem der Protagonist Neo (Keanu Reeves) von seinem zukünftigen Mentor Morpheus (Laurence Fishburne) zwei Optionen präsentiert bekommt. Mit einer roten und einer blauen Pille in der Hand erklärt Morpheus die beiden Wege, die vor Neo liegen: Er kann »die blaue Pille nehmen«, was bedeutet, dass er in der (computergenerierten) Realität bleibt, wie er sie kennt: »Die Geschichte endet, du wachst in deinem Bett auf und glaubst, was du auch immer glauben willst.« Oder er kann »die rote Pille nehmen ... bleib im Wunderland, und ich werde dir zeigen, wie tief das Kaninchenloch reicht«. Die rote Pille ist im Grunde aber ein Erwachen, die Fähigkeit, die Welt zu sehen, wie sie wirklich ist. Achtung, Spoiler-Alarm: Neo nimmt die rote Pille und beginnt seine Reise in die »echte« Welt.

Stellen Sie sich nun vor, wir wären zwanzig Jahre weiter: Die Denkart der blauen Pille bezieht sich auf Menschen, die sich dafür entscheiden, an die Welt zu glauben, wie sie uns gezeigt wird: Das Leben ist fair und hat einen Sinn; ein Leben unter Kontrolle ist lebenswert; jeder ist gleich; der Staat ist da, um dich zu unterstützen; folge den Regeln und du wirst be-

Kapitel 5

lohnt. Die Einnahme der blauen Pille bedeutet also die Übernahme von Mythen über Sinn und Zweck und von propagierten Vorstellungen bezüglich Moral, Konsum, Reichtum, Arbeit, Liebe und so weiter.

Wenn man das liest, könnte man versucht sein, dieses Buch als eine Erweiterung der Denkart der roten Pille zu sehen, aber ich persönlich würde davon abraten. Während sich die rote Pille in der Theorie darauf bezieht, von einem Glaubenssystem zu einem anderen überzugehen, bedeutet »rote Pille« umgangssprachlich, sich dem Denken der Alt-Right- und frauenfeindlichen Männerrechtsbewegungen anzuschließen. Sie suggeriert, dass das Leben korrupt und ungerecht ist, und fordert die Anhänger auf, sich zu erheben, die Lügen zu entlarven, andere Menschen aufzurütteln und für eine Veränderung der Realität zu kämpfen. Die Reaktion darauf kann jeweils unterschiedlich aussehen: von QAnon-Anhängern, die für den Kongress kandidieren, bis zu Incels, die extreme Gewalttaten begehen.

Neben der roten Pille gibt es noch die schwarze. Im Vergleich zu Anhängern der roten Pille sind Menschen, die die schwarze Pille haben, oft eher passiv, niedergeschlagen und nihilistisch. Sie glauben, dass alles sinnlos ist, dass ihre Situation unabänderlich und unausweichlich ist, sodass sie durch Handlungen nichts verändern könnten.

Kurz gesagt, egal was passiert, sie sind hoffnungslos verloren. Das ist wohl die extremste Ausprägung des Nihilismus: tief verwurzelt in einer frauenfeindlichen, bigotten und oft gewalttätigen Ideologie, die dazu noch hemmungslos selbstzerstörerisch ist.

In ihrem 2018 im Magazin *Vox* erschienenen Artikel »What a woman-led incel support group can teach us about men and mental health« schrieb Aja Romano, dass diese Gruppen stark depressiv seien, ihr geringes Selbstwertgefühl gemeinschaftlich nihilistisch zelebrierten und sich weigerten, eine Therapie gegen ihre psychischen Erkrankungen anzufangen. Viele Menschen haben die schwarze Pille einen Todeskult genannt, der Selbstmord befürwortet, die Menschen anweist, »LDAR« zu betreiben (*Lie Down and Rot* – Leg dich hin und verrotte), und predigt, es wie »ER« zu machen – ein schauriger Hinweis auf Elliot Rodger. Im Jahre 2014 hat Rodger – ein frauenfeindlicher Incel, der seine Probleme den Frauen zuschrieb, die keinen Sex mit ihm wollten – in Santa Barbara sechs Menschen erschossen, weitere 14 verletzt und danach die Waffe gegen sich selbst gerichtet. Seit dieser Tat ist Rodger zur finsteren Heldenfigur für einige Leute geworden, die ihn als »Sankt Elliot« oder »The Supreme Gentleman« bezeichnen, als den »größten Ehrenmann«.

Ein solcher Nihilismus kann gewalttätig und zerstörerisch sein, aber er ist auch eine Chance, die andere ausnutzen können. Wenn Sie nach etwas suchen, woran Sie glauben können, wenn Sie den Verlust des Sinns betrauern, beginnen Sie nach neuen Helden und Schurken zu suchen. In seinem im *Atlantic* erschienenen Artikel »The Conspiracy Theorists Are Winning« bezeichnet Jeffrey Goldberg die Personen, die diese

Kapitel 5

Verletzlichkeit ausnutzen, als »nihilistische Schwindler«. Das sichtbarste Beispiel ist natürlich Donald Trump: ein Mann, der so gänzlich ohne persönliche Werte oder Moralvorstellungen daherkommt, dass er leicht die Ängste, Frustrationen, Hoffnungen, Träume und den Hass anderer Menschen absorbieren kann. Seit er 2015 seine Absicht ankündigte, für das Präsidentenamt zu kandidieren, hat Trump vorhandene und potenzielle Verschwörungstheoretiker und auch die Alt-Right-Bewegung umworben, indem er eine erschreckende Version der amerikanischen Geschichte und des Lebens von sich gab und anschließend behauptete, er sei der Einzige, der die Dinge wieder geradebiegen könne – und Amerika »großartig« machen könne, wenn man so will.

Seine verblüffende Ehrerbietung und sein Wohlwollen gegenüber QAnon, die das FBI als Terrorbedrohung eingestuft hat, ist ein fast unwirkliches Beispiel dafür. Die Anhänger der Verschwörungstheorie haben ihren verqueren Glauben voller Begeisterung auf ihn übertragen. Aber trotz der Aufforderungen, diese Gruppe zu verurteilen – deren Mitglieder buchstäblich Morde begangen haben –, hat er bei einem Pressebriefing im Weißen Haus nur lapidar geäußert: »Ich weiß nicht viel über die Bewegung, außer dass sie mich sehr mögen, was ich sehr schätze.«

Aber er ist nicht der Einzige, der Macht gewinnt, indem er die Unbeteiligtheit anderer ausnutzt. In seinem Artikel präsentiert Goldberg den Verschwörungstheoretiker und Radiomoderator Alex Jones als Paradebeispiel für jemanden, der die größten Ängste und Vorurteile der Menschen ausnutzt, um ein Publikum aufzubauen. Jones hat Karriere gemacht, indem er das Misstrauen der Menschen in Machtsysteme geschürt und ihr grundsätzliches Verständnis der Realität infrage gestellt hat. Zu den vielen verrückten Verschwörungen, die er propagiert hat, gehört die Idee, dass das Sandy-Hook-Massaker (bei dem 2012 an einer Schule in Connecticut 26 Menschen getötet wurden), die Bombenanschläge von Oklahoma und die 9/11-Terroranschläge nur vorgetäuscht waren. Er hat auch behauptet, dass die Regierung das Wetter kontrolliert, dass Bill Gates ein Eugeniker ist, der die Welt beherrschen will, und dass Wissenschaftler eine »Schwulenbombe« entwickeln, um die Menschen schwul zu machen.

Goldberg schreibt, dass diese nihilistischen Schwindler immer mehr Einfluss gewinnen, indem sie »unschuldige Menschen ausnutzen, die das tiefe menschliche Bedürfnis nach Stimmigkeit und Zusammenhang befriedigen wollen«. Ausnutzen ist schon richtig: Diese Methode hat Trump die Präsidentschaft verschafft und Jones unglaublich reich gemacht. Die *New York Times* hat berichtet, dass bis 2014 sein Vorgehen »Jones mehr als 20 Millionen Dollar pro Jahr eingebracht hat«. Und die Zeitung fügte hinzu, dass Jones den größten Teil seines Einkommens »aus dem Verkauf von Nahrungsergänzungsmitteln – wie etwa Super Male Vitality, welches angeblich den Testosteronspiegel erhöhen kann, oder Brain Force Plus, das verspricht, kognitive Funktionen ›anzufeuern‹« erzielen würde.

Kapitel 5

Man muss nicht so tief in den Kaninchenbau fallen, um durch diese Art von Denken destabilisiert zu werden; Nihilismus kann sich in Ihr Gehirn eingraben und Sie bei lebendigem Leib auffressen, auch ohne dass Sie sich Online-Todeskulten unterwerfen. In meinem eigenen Leben beobachte ich oft den zerstörerischen Einfluss des Nihilismus, und ich kann mit Sicherheit sagen, dass sich mein soziales Umfeld nicht oft in schwarz gekleidete Incel-Gruppen verirrt. Am häufigsten taucht der Nihilismus bei der Frage auf, ob man Kinder haben sollte oder nicht. Es ist eine Sache zu sagen, dass das Leben bedeutungslos ist, sich an den Memes zu erfreuen, einen traurigen Song von Lana Del Rey zu hören und ansonsten den Tag weiter so laufen zu lassen. Aber wenn man darüber nachdenkt, *neues Leben* zu schaffen, muss man sich schließlich doch mit dem Wert des *bestehenden* Lebens versöhnen.

Arthur Schopenhauer meinte, dass der Sinn der Existenz, der Sinn des Lebens, darin bestünde, mehr von diesem Leben zu erschaffen. Dieser Impuls ist in unserer eigenen Biologie kodiert: der grundlegende Wunsch, dass aus einer Zelle zwei werden sollen. Aber David Benatar, der manchmal als »der pessimistischste Philosoph der Welt« bezeichnet wird, ist da anderer Meinung. Er ist eine führende Stimme innerhalb der Anti-Natalisten-Bewegung, die glaubt, dass das Leben so unerträglich und voller unendlich überwältigendem und unvermeidlichem Schmerz sei, dass es unethisch sei, dem Ganzen ein Kind auszusetzen.

Nihilismus auf Abwegen

In seinem Buch *Better Never to Have Been: The Harm of Coming Into Existence* erklärt Benatar: »Während gute Menschen große Anstrengungen unternehmen, um ihren Kindern Leid zu ersparen, scheinen nur wenige von ihnen zu bemerken, dass die eine (und einzige) garantierte Möglichkeit, alles Leid ihrer Kinder zu verhindern, darin besteht, diese Kinder gar nicht erst ins Dasein zu bringen.«

Ich weiß nicht, ob Benatar sich selbst als Nihilist betrachtet, aber er hat dem *New Yorker* gesagt, er glaube, dass das menschliche Leben bedeutungslos sei und das Universum uns ohne jeden Zweifel gleichgültig gegenüberstünde. »Ich glaube nicht, dass Leiden einen Sinn ergibt. Ich glaube, dass die Menschen versuchen, im Leiden einen Sinn zu finden, weil das Leiden sonst so grundlos und unerträglich ist.«

Ich kann Ihnen nicht sagen, ob Ihr Leben lebenswert ist oder nicht. Keiner kann das. Ich tue mich schwer damit, die Berechnung von Schmerz und Vergnügen auf meine eigene Existenz anzuwenden – die ich übrigens im Allgemeinen genieße, und obwohl sie kein kosmisches Abenteuer ist, würde ich sagen, dass sie es wert war, dafür geboren zu werden. Macht jeder große Strauß frischen Basilikums, den ich rieche, all den Herzschmerz wett, den ich erlitten habe? Wiegen die Weite und Schönheit des Ozeans den Schmerz auf, eines Tages einen Elternteil zu verlieren? Wird die Freude, die ich hoffentlich eines Tages über die Geburt meines eigenen Kindes erleben werde, die CO_2-Bombe aufwiegen, die sein oder ihr Leben auf unserem zerbrechlichen Planeten zerstören

Kapitel 5

wird? Das kann man nicht berechnen. Aber wenn ich Benatars Werk lese, bleibe ich immer wieder an der Idee hängen, auf die wir alle stets zurückkommen: dass der Wert des Lebens davon abhängt, dass es etwas »bedeutet«.

Heute scheint die Sonne. Ich bin heute Morgen gut gejoggt, in ein paar Stunden werde ich etwas Leckeres zum Mittag essen, später werde ich wahrscheinlich mit jemandem sprechen, den ich liebe. Keine dieser Handlungen ist von Bedeutung. Niemand wird sich an sie erinnern, wenn ich sterbe. Ich werde mich wahrscheinlich auch in einer Woche nicht an diese Handlungen erinnern. Sie tragen nichts zur Existenz der menschlichen Spezies bei. Aber heißt das, sie waren es nicht wert, dass man für sie geboren wurde?

Sich einen Sinn zu wünschen, heißt, wegen seiner Abwesenheit am Boden zerstört zu sein. Zu akzeptieren, dass das Leben bedeutungslos ist, aber immer noch voller Freuden, weshalb es besser ist, zu existieren als nicht zu existieren, ist für mich persönlich der bessere Weg. Man kann sich nur dann über den Mangel an Sinn grämen, wenn man sich gestattet, überhaupt diesem Mythos Glauben zu schenken.

Nietzsche sah den Nihilismus als einen Zustand, den man durcharbeiten und danach wieder verlassen müsse. Als ein geeignetes Werkzeug, um bestehende Ideen und Annahmen zu demontieren, das man weglegt, wenn man hinter etwas anderem her ist. Doch wenn man die toxischen Erfahrungen der Menschen mit dem Nihilismus erforscht, fühlt er sich wie ein Sumpf an, dem man nicht entkommen kann.

Nihilismus auf Abwegen

Trotz Nietzsches Rat habe ich beschlossen, beim Nihilismus zu bleiben. Er ist kein vorübergehender Zustand für mich. Sondern, wie ich eindeutig festgestellt habe, ein Lebensretter und keine Last. Während der Arbeit an diesem Buch habe ich mich immer wieder gefragt, warum meine Lebensreise so sonnig gewesen ist, während die anderer so dunkel war. Wenn Nihilismus ein Behälter ist, den wir mit Teilen von uns selbst auffüllen, warum füllen ihn andere mit Einsamkeit, Angst, Ausbeutung, Gier, Opportunismus und Egoismus, während ich Hoffnung, Gemeinschaft, Schönheit, Freude und Frieden hineinlege?

Zweifellos ist ein Teil davon dem Glück zuzuschreiben: Mein Leben war nicht immer einfach, aber zweifellos einfacher als das manch anderer Leute. Obwohl ich auch denke, dass es ein Fehler ist, jede gewalttätige Person oder jeden toxischen Online-Raum durch die Opferlinse zu betrachten, glaube ich, dass der Nihilismus uns eine Wahlmöglichkeit verschafft, welche Richtung wir einschlagen sollen. Für ihren Artikel sprach Romano mit schwarz gekleideten Incels und zitierte einen Online-Moderator, der meinte, es sei befreiend, sich diesem Gefühl der Sinnlosigkeit hinzugeben. »Du kannst aufhören, dir Sorgen darüber zu machen, wie du dich verbessern kannst; du kannst aufhören, dir Sorgen darüber zu machen, dass die Jahre vergehen und deine Chancen immer geringer werden; du kannst aufhören, dir Sorgen darüber zu machen, was in der Zukunft passieren wird, weil du dir deines Platzes in der Welt und dessen, was passieren wird, sicher bist.«

Kapitel 5

Diese Aussage stimmt in gewisser Weise mit meinem Denken überein, bezeichnet aber auch das Gegenteil davon. Der Nihilismus besagt, dass nichts von Bedeutung ist. Er nivelliert bestehende Vorgaben darüber, wie wir unsere Zeit verbringen und Werte zuweisen. Diese Idee verleitet manche Menschen zu der Frage: Warum überhaupt etwas tun? Wenn es keinen ultimativen Gewinn gibt, warum das Spiel mitspielen? Diese Haltung aber hat für mich noch nie viel Sinn ergeben. Ich verstehe nicht, warum etwas, das keinen großen Zweck hat, all die kleinen Vergnügungen, die in diesem Tun verborgen sind, abwertet. Es ist, als würde man sagen: Ich weiß, dass jede Mahlzeit, an der ich teilhabe, irgendwann enden wird, also entscheide ich mich, gar nichts zu essen.

Für mich verlagert der Nihilismus den Blick vom »Ende« weg, um hier, in unserem Leben, Platz für das »Jetzt« zu schaffen. Wenn es keine Bedeutung oder endgültige Belohnung gibt, ist alles, was wir haben, unser Leben, wie es heute existiert. In vielerlei Hinsicht geht es in der ganzen Philosophie darum, eine »Leere« zu betrachten. Es ist menschlich, dass wir automatisch versuchen, sie mit neuen Werten, Botschaften, Leitfiguren, Belohnungen oder mit uns selbst zu füllen. Aber wenn wir diese Leere akzeptieren können und nicht zulassen, dass sie zu einem Loch in unserem Leben wird, durch das wir hindurchfallen, glaube ich, dass wir durchaus Erleichterung finden können.

Kapitel 6

Wie man zum fröhlichen Nihilisten wird

In einem Porträt der kanadisch-amerikanischen Astronomin und Planetenforscherin Sara Seager, das 2020 in der *New York Times* erschien, meinte der Journalist Chris Jones, dass für Astrophysiker »das Wissen, dass es Hunderte Milliarden von Galaxien gibt und jede von ihnen Hunderte Milliarden von Sternen enthalten könnte«, ihr eigenes Leben »und auch das Leben all derer, die ihnen am nächsten stehen, unbedeutend erscheinen lassen kann«. Seagers Arbeit konzentriert sich auf die Suche nach Exoplaneten – nach Planeten, die einen anderen Stern als unsere Sonne umkreisen und möglicherweise ebenfalls Leben aufweisen. Seagers Forschung ist wichtig und wird weithin gelobt. Sie hat das Potenzial, die Art und Weise, wie die Menschen sich selbst und ihren Planeten sehen, neu zu interpretieren. Wenn man über diese außergewöhnliche Frau liest, kann man nicht anders, als von ihrem schillernden und wendigen Verstand beeindruckt zu sein, der die scheinbar übermenschliche Fähigkeit besitzt, über das bekannte

Kapitel 6

Universum hinaus zu denken und in die Tiefen des Kosmos vorzudringen, von denen wir einst annahmen, sie seien allein die Domäne der Götter.

Verständlicherweise kann die Betrachtung des Daseins mit einem so episch weiten Blick dazu führen, dass sich Seager manchmal vom irdischen Treiben um sie herum losgelöst fühlt. Sie bewegt sich durch das Leben, ist sich ihrer eigenen Kleinheit und der Kleinheit der anderen in einem solchen Ausmaß bewusst, dass sie Schwierigkeiten hat, sich mit den banalen Notwendigkeiten ihrer eigenen Existenz zu befassen. Welchen Wert haben Small Talk, Einkaufslisten oder soziale Nettigkeiten, wenn man versteht, dass all das im Rahmen des Universums bedeutungslos ist? Infolgedessen erscheint Seager manchmal selbst wie eine Außerirdische: Sie wohnt zwar in der Welt, ist aber nicht mehr ganz ein Teil von ihr.

Dazu schreibt Jones: »Astrophysiker schwanken ständig zwischen dem Gefühl von Größe und Kleinheit, von Hybris und Demut, je nachdem, ob sie nach außen oder nach innen schauen.« Ein bestimmtes Gefühl von Größe und Kleinheit, von Hybris und Demut, findet sich auch bei der Betrachtung des Nihilismus – es ist genau das, was so viele von uns am Nihilismus fürchten. Wir befürchten, dass unser Geist durch die Annahme der Bedeutungslosigkeit so verändert wird wie der von Seager (wenn auch wahrscheinlich weniger brillant). Dass wir losgelöst sind und mutlos werden, fern von den Dingen, die wir lieben und von denen wir glauben wollen, dass sie so wichtig sind. Aber ein fröhlicher Nihilismus kann auch zu einem anderen Ergebnis führen. Zu einem, das uns nicht distanziert und abgestumpft zurücklässt, sondern uns sensibel und offen für die Freuden unserer sinnlosen, nichtigen und unbedeutenden Existenz macht.

So betrachtet, mit Demut im Herzen statt dem Gefühl der Isolation, verwandelt sich der Nihilismus von einer erschreckenden zu einer beruhigenden Vorstellung. Das Bewusstsein unserer eigenen Unbedeutsamkeit entfernt uns aus dem Zentrum unseres eigenen Lebens und bringt uns dazu nachzudenken, was wirklich wichtig ist, wenn wir es nicht sind.

Die »Größe«, die der Nihilismus hervorhebt, ist verständlich. Jeder, vom Astronomen bis zum Kiffer, hat irgendwann einmal über die Unbegreiflichkeit des Universums und seinen eigenen unbedeutenden Platz darin gestaunt. Aber im Alltag verliert man leicht den Blick für das Ausmaß unserer Probleme, Hoffnungen, Enttäuschungen und Beschwerden. Wenn wir nicht darauf achten, entfalten diese Phänomene ein Eigenleben, sie blasen sich auf in unseren Köpfen, bis wir uns wie Planeten fühlen, die von allen anderen Leuten nur umkreist werden.

Im Gegensatz dazu kommt jetzt der fröhliche Nihilismus ins Spiel, der Ihnen ins Bewusstsein bringt, dass man sich nicht nur nicht an Sie erinnern wird, sondern dass jeder großartige Mensch, jede Handlung, jeder Gedanke und jeder Moment schließlich vergehen werden. Verbringen Sie eine Weile damit, so zu denken, werden Sie bemerken, dass eine seltsame Veränderung eintritt. Während wir uns selbst

Kapitel 6

angesichts des Ausmaßes eines sich ewig ausdehnenden Kosmos wie ein Zwerg fühlen mögen, beginnen sich die kleinsten Elemente des Lebens auszudehnen. Wenn nichts wirklich wichtig ist, verschieben sich Fokus und Prioritäten auf *diesen jetzigen* Moment. Wir verstehen, dass die Gegenwart, wie alltäglich sie auch sein mag, genauso flüchtig, zeitlich begrenzt, zerbrechlich und letztlich genauso leicht zu vergessen ist wie die größten Ereignisse der Menschheitsgeschichte. Die Welt zieht sich so klein zusammen wie die Sekunde, in der wir uns gerade befinden.

So betrachtet, bringt uns der Nihilismus von der Demoralisierung zur Befreiung. Er lässt uns die Frage stellen, worauf wir unsere Aufmerksamkeit richten und worauf nicht. Ist das, was ein anderer Mensch von uns denkt, so bedeutsam (oder bedeutungslos) wie ein früher Jasminzweig, der über den Zaun des Nachbarn fällt? Aus der Perspektive eines fröhlichen Nihilisten (oder aus derjenigen Seagers) betrachtet, lautet die Antwort: nein. Warum also lassen wir uns von dem einen verzehren, während wir das andere ignorieren? Beide sind doch nur eine absurde Abfolge von Zufallsereignissen, die ohne jeglichen Grund geschehen, kurzzeitig existieren und dann wieder verschwinden.

Dieses Gerede über die Größe und Kleinheit des Lebens ist an klaren Tagen, wenn die Wäsche gewaschen ist und die Arbeit gut läuft, leicht zu verdauen. Aber die traurige Realität ist, dass Ihr Leben, anders als das von Seager, wahrscheinlich auf mittelgroßen Sorgen aufgebaut ist. Dazu gehören unter anderem die Bereiche Job, Schicksal, Bestimmung, Ego, was andere von Ihnen denken, Angst vor der Zukunft, Erwartungen an eine Beziehung und Ansichten über den Sinn. Es sind genau diese verknoteten Konzepte, die wir selbst erschaffen, an die wir uns klammern und die wir zu kontrollieren versuchen. Die meisten von uns investieren in diese Konzepte; wir weisen ihnen eine Bedeutung zu, in der Hoffnung, dass sie uns Klarheit, Erleichterung und Glück bringen werden.

Von dem Moment an, in dem wir aufwachen und uns entscheiden, ob wir unseren Wecker weiter klingeln lassen oder aus dem Bett aufstehen, beginnen wir, mittelgroße Entscheidungen darüber zu treffen, wie wir leben wollen. Jeder Moment eines jeden Tages ist zum Teil diesen Entscheidungen gewidmet sowie dem Versprechen, dass diese Entscheidungen vielleicht Trost und Leichtigkeit bringen werden. Mittelschwere Probleme betreffen eine breite Palette von Themen. Jeder von uns wird eine andere Problemfolge haben und sie anders erleben. Aber meistens haben die Probleme (zusammen mit allen Bedeutungssystemen, die in diesem Buch untersucht werden) eines gemeinsam: Sie erzeugen einen Strudel von Ideen und Idealen, die es uns ermöglichen, uns selbst in den Mittelpunkt zu stellen. Wie *wir* uns fühlen, was *wir* wollen, die Erfahrungen, die *wir* gemacht haben oder machen wollen, was *wir* für sinnvoll halten.

Doch die Realität ist, dass in einer Gesellschaft von Einzelwesen, die den Individualismus anbetet, in der unser eigenes Wohlergehen getrennt von dem der anderen gesehen wird und jeder nach seinem eigenen Stückchen Glück schreit, die Suche nach persönlichem Sinn uns oft in Konflikt miteinander bringt. In seinem Buch *Can We Be Happier? Evidence and Ethics* macht sich der Arbeitsökonom Richard Layard Sorgen über diesen Kult des individuellen Sinns: »In der modernen Kultur ist der Egoismus heute legitimer als je zuvor. Das Hauptziel, das jungen Menschen angepriesen wird, ist Erfolg im Vergleich mit anderen Menschen – bessere Noten, höhere Bezahlung, mehr Freunde und mehr Ruhm. Zunehmend konkurrieren junge Menschen in allen möglichen Bereichen des Lebens.« Diese massenhafte Suche nach Glück, die allein mit Blick auf die eigenen Bedürfnisse betrieben wird, hat kaum zu einer homogenen Gruppe erhabener emotionaler Wesen geführt. Vielmehr hat sie eine unendliche Abfolge von endlosem Wettbewerb, Unzufriedenheit und Isolation hervorgebracht.

Diese allmähliche Verbreitung einer selbstsüchtigen Erleuchtung ist eine ausgereifte Sache gewesen. Sie brauchen also kein schlechtes Gewissen zu haben, wenn Sie ihr zum Opfer fallen. Wer hat nicht schon einmal einen Artikel über umweltfreundliche Maßnahmen gelesen, die man zu Hause durchführen kann und die zufällig von einer Bank bezahlt werden, die in fossile Brennstoffe investiert? Oder in einem Kochbuch geblättert, das den Kauf eines Olivenöls für 18 Dollar als einen »radikal zärtlichen« Akt darstellt? Es ist nicht ungewöhnlich für mich, dass ich mir sieben Minuten im Livestream eines Influencers etwas über »Gemeinschaft«,

»für andere da sein« oder »einander wirklich sehen« anhöre, bevor ich merke, dass diese Influencer die ganze Zeit nur über sich selbst sprechen.

Man hat uns beigebracht, uns so zu verhalten, geprägt von den Auswirkungen einer kapitalistischen Kultur, die nicht nur Wirtschaft und Industrie privatisiert hat, sondern auch unser Selbstverständnis. Im modernen Leben ist das Glück eine einsame Mission; es ist definiert durch das, was wir durch unsere eigenen Fenster sehen. Mark Zuckerberg, ein Mann, der wie kein anderer für die Verbreitung dieser engen Sichtweise verantwortlich ist, verteidigte einmal den Algorithmus von Facebook, der darauf ausgelegt ist, unsere eigenen Perspektiven zu spiegeln und zu verstärken, indem er meinte, dass »ein Eichhörnchen, das in Ihrem Vorgarten stirbt, für Ihre Interessen im Moment vielleicht relevanter ist als Menschen, die in Afrika sterben«. Das ist eine erschreckende Beobachtung. Aber eine, die zugleich zeigt, wie eine Spezies, für die Gemeinschaft, Verbindung und Solidarität lebenswichtig sind, darauf konditioniert wurde, sich selbst als getrennt von anderen zu betrachten.

Mark Zuckerberg hat diese Realität allerdings nicht allein geschaffen. Fast jeder Bereich unseres Lebens trägt die gleiche Botschaft: Du bist besonders, einzigartig, zentral, wichtig. Kosmetikmarken beharren darauf, dass wir alle Individuen sind – eine Tatsache, die nur mithilfe von Produkten zelebriert werden kann, die uns wie alle anderen aussehen lassen. Unternehmen der Gig Economy bieten billige und bequeme

Kapitel 6

Dienstleistungen auf Kosten der Sicherheit und des Lebensunterhalts derjenigen an, die diese Leistungen erbringen. Wir akzeptieren das alles, weil wir glauben, wir hätten es auf einzigartige Weise verdient. Unsere wert- und sinnvolle Zeit darf nicht verschwendet werden. Algorithmen und Cookies verwandeln die sozialen Medien in ein digitales Abbild unserer Gehirne, in eine Online-Realität, in der wir immer recht haben und unsere Interessen immer im Mittelpunkt stehen.

In ihrer Sammlung kurzer Essays *Betrachtungen. Corona-Essays* sinniert Zadie Smith über die Arbeit von Schriftstellern und darüber, wie sie diese »relativ konturlose Konfusion« aufnehmen und »in eine selbst entworfene Form« gießen. Smith reflektiert darüber, wie Schriftsteller Realitäten verbiegen und konstruieren, indem sie das, was Menschen sagen und tun, so verändern, dass sie stimmigere Erzählungen bilden, prägnantere Aussagen treffen und die Absicht klarer darstellen können. Aber dieser Instinkt lässt sich auch auf unseren Zwang anwenden, jede Spalte unseres Lebens mit Bedeutung vollzustopfen. Wenn wir eine Existenz ohne inhärenten Sinn erkennen, sind wir sehr schnell dabei, einen Sinn zu schaffen. Wir füllen diese Leere mit unseren eigenen Wünschen, Werten, Jobs, Hobbys, Beziehungen, Göttern und uns selbst aus.

Smiths Schriftsteller-Kollege David Foster Wallace, der Generationen von jungen Amerikanern geprägt hat, reflektierte über diesen Impuls, Bedeutung durch Fixierung auf sich selbst zu finden, als er 2005 vor der Abschlussklasse des

Kenyon College sprach. Er gab zu: »Alles, was sich in meiner eigenen unmittelbaren Erfahrung abspielt, unterstützt meinen tiefen Glauben, dass ich das absolute Zentrum des Universums bin. Die realste, lebendigste und wichtigste Person, die es gibt. Denken Sie darüber nach: Es gibt keine Erfahrung, die Sie gemacht haben, in der Sie nicht das absolute Zentrum sind.«

Wie bereits festgestellt, ist die Suche nach dem Sinn theoretisch durchaus ein edles Unterfangen. Eines, das uns auffordert, unsere Entscheidungen, den Umgang mit anderen sowie das, was wir schätzen und anerkennen, was wir verurteilen und ablehnen, insgesamt infrage zu stellen. Viele Menschen suchen den Sinn im Dienst für andere, im Schaffen von Kunst, im Schutz der Natur. Die meisten Religionen predigen Demut, Armut und die Übernahme von Verantwortung für den Mitmenschen. Aber wenn wir uns umschauen, wie oft sehen wir diese Werte tatsächlich in der Praxis verwirklicht?

Wenn wir wirklich ehrlich sind, ist das Streben nach Sinn meistens egoistisch. Es ist eine Gelegenheit, von uns selbst besessen zu sein, die ganze Welt direkt auf uns selbst zu beziehen und das »absolute Zentrum des Universums« zu werden. Der Glaube an unsere eigene Besonderheit erlaubt es uns, eine Realität hochleben zu lassen, in der unsere eigenen Bedürfnisse und Gefühle die höchste Priorität haben. In der es nicht anstößig oder selbstbesessen ist, sich über sein Aussehen, seinen Lebenszweck, seine Launen, sein Schlafverhalten und seine Ernährung den Kopf zu zerbrechen. Stattdessen

Kapitel 6

wird all dieses Beweihräuchern, dieses Schwärmen für unseren Geist, Körper, unser Leben und unsere Gewohnheiten zu einem fast religiösen Akt erhoben.

Man möchte hoffen, dass all diese Selbstbesessenheit zumindest ein gewisses Maß an Vergnügen mit sich bringt. Aber der Knackpunkt ist, dass die Suche nach Bedeutung durch die endlose Untersuchung und Anbetung unserer selbst nur dazu führt, dass wir uns noch schlechter fühlen. Wie Richard Layard in *Can We Be Happier?* feststellt, ist das Ergebnis all dieser endlosen Selbstfürsorge nicht Selbstzufriedenheit. Er schreibt: »Wir haben unseren jungen Leuten gesagt, dass ihre Hauptaufgabe darin besteht, voranzukommen. Was für eine schreckliche Verantwortung. Kein Wunder, dass Angstzustände und Depressionen unter der Jugend zunehmen. Stattdessen sollten die Menschen aus sich selbst herausgehen – um dem Elend der Selbstverliebtheit zu entkommen.«

Womit wir bei einer der zentralen Herausforderungen für jeden fröhlichen Nihilisten angelangt sind. Nämlich bei der Frage: Was ist, wenn ich nicht besonders bin? Auf eine Welt zu blicken, die bis ins Kleinste durch Werbung, Technologie, Religion, Liebe, Jobs und unsere Eltern definiert wurde und uns das Gefühl geben soll, zentral und einzigartig zu sein, und dennoch zuzugeben, dass wir genau wie alles andere letztlich bedeutungslos sind.

Nach einem Leben, das wir in einem seltsamen Idyll der Selbstbesessenheit verbracht haben, sollte man meinen, dass die Konfrontation mit der eigenen Sinnlosigkeit ein existenziell traumatisierender Prozess ist. Aber das muss nicht der Fall sein. In einer Realität, die uns das Gefühl geben soll, bedeutend zu sein, uns aber häufiger ängstlich und unglücklich zurücklässt, beschert uns eine solche Erinnerung an die eigene Unbedeutsamkeit ironischerweise ein seltsames Gefühl des Friedens. Zuzugeben, dass unsere Anwesenheit innerhalb einer endlichen Zeitspanne bedeutungslos ist, lockert die Fixierung auf Vermächtnis, Ego und Zweck. Es erlaubt uns, den Fokus von »einem Tag« auf den unmittelbaren Moment zu verlagern und uns an der zufälligen Existenz zu erfreuen, mit der wir zu unserem großen Glück überhaupt beschenkt wurden. Aber abgesehen davon, dass diese Reduzierung des Selbst ein aktives Innehalten und einen Ausgleich zu unserer chronischen Selbstbesessenheit ermöglicht, führt sie noch zu anderen Überlegungen. Nämlich: Was macht man mit dem Teil des Gehirns, der früher so sehr mit sich selbst beschäftigt war?

Leider befreit der Glaube, dass nichts von Bedeutung ist, uns nicht von der Notwendigkeit, am Austausch von Zeit, Geld und Energie teilzunehmen, was eine Gesellschaft erst zu einer solchen macht und nicht nur zu einem Gewirr von Philosophen, die frei herumlaufen und sich fragen, wer das Mittagessen kochen wird. Wenn man also darüber nachdenkt, wie man besagte Zeit, besagtes Geld und besagte Energie verwenden soll, führt einen der fröhliche Nihilismus zu der Frage: Wenn ich nicht wichtig bin und daher nicht das Zentrum von allem und nicht die Priorität bin, was ist dann? Wenn ich

Kapitel 6

vergessen werde und im Laufe der Zeit in der Versenkung verschwunden bin, woran wird man sich dann erinnern, zumindest für eine kurze Weile?

Der amerikanische Dichter Walt Whitman dachte über etwas Ähnliches in seiner 1882 erschienenen Sammlung *Specimen Days & Collect* nach, die er während und nach dem Bürgerkrieg schrieb. Er stellte die Frage: »Nachdem man alles erschöpft hat, was es an Geschäften, Politik, Geselligkeit, Liebe und so weiter gibt – und festgestellt hat, dass nichts davon endgültig befriedigt oder dauerhaft trägt –, was bleibt dann noch übrig?« Für Whitman war die Antwort die Natur. Er erkannte sie als etwas, das so viel größer war als er selbst und die Liebe und Aufmerksamkeit verdiente, die er andernfalls in einzelne Beschäftigungen investiert hätte.

Bei jedem Menschen ist die Antwort eine andere. Persönlich stimme ich Whitman zu. Wie viele Menschen meiner Generation hat mich die Einsicht in die Sinnlosigkeit meines kleinen Lebens dazu gebracht, mein Engagement für den Umweltschutz zu vertiefen. Mit dem Verständnis, dass die einzige Konstante die Erde selbst ist (zumindest bis sie in ein paar Milliarden Jahren von der Sonne absorbiert wird), wird ihr Schutz wichtiger als irgendwelche Einzelinteressen von mir.

Ich möchte Sie ermutigen, die folgende Übung für sich selbst durchzuführen. Wenn Sie sich klarmachen, dass Sie nicht wichtig sind, dass Ihr Name, Ihr Ego, Ihr Ruf, Ihre Familie, Ihre Freunde und Ihre Lieben bald verschwunden sein werden, wie verändert sich dann die Art und Weise, wie Sie Ihre eigene Zeit, Ihr Geld und Ihre Energie bewerten? Vielleicht lenkt dieser Prozess Ihre Aufmerksamkeit auf Dinge, von denen Sie hoffen, dass sie etwas länger Bestand haben als Sie selbst: Natur, Kunst, Kultur, Institutionen und Anliegen, von denen Sie glauben, dass sie späteren Generationen zugutekommen werden, die Ihren Namen längst vergessen haben. Oder vielleicht lenkt die Frage Ihre Aufmerksamkeit zurück auf den gegenwärtigen Moment: die kleinen Freuden, auf die Sie heute zugreifen können, die Menschen, die Sie lieben, deren Recht, sich sicher, respektiert, gut und gehört zu fühlen.

Der Vorschlag, sich Ideen und Entscheidungen zuzuwenden, die der Welt als Ganzes zugutekommen und nicht nur einem selbst in diesem Moment, ist zentraler Bestandteil der Lehre der meisten großen Religionen und verschiedener philosophischer Praktiken. Wenn man darüber nachdenkt, wie die Abkehr vom Individualismus den Planeten (und uns selbst) freundlicher und vernünftiger machen kann, kommt man an der Arbeit des deutschen Philosophen Immanuel Kant aus dem 18. Jahrhundert nicht vorbei. Sein Werk bietet ein bequemes Gerüst für jede neue fröhliche Nihilistin und jeden neuen fröhlichen Nihilisten, die versuchen, sich in einer Realität zu orientieren, in der sie nicht im Mittelpunkt stehen.

Kant wirkte während der Aufklärung; er beobachtete den Rückzug der Religion im öffentlichen und privaten Leben und interessierte sich für säkulare Gesetze einer universellen

Kapitel 6

Moral. Er glaubte, dass die Gesellschaft einen sozialen Kodex braucht, der die Menschen ermutigt, sich ohne die drohende Präsenz von Gott, Himmel und Hölle gegenseitig gut zu behandeln. In seinem 1785 erschienenen Buch *Grundlegung zur Metaphysik der Sitten* führte er den »kategorischen Imperativ« ein: »Handle nur nach derjenigen Maxime, durch die du zugleich wollen kannst, dass sie ein allgemeines Gesetz werde.« Der kategorische Imperativ erinnert an den bekannten Ratschlag, andere so zu behandeln, wie man selbst behandelt werden möchte. Aber er fordert uns auch auf, uns von unserer individualistischen Perspektive zu lösen und alles Verhalten als Teil eines Kollektivs zu sehen. Bevor man eine Entscheidung trifft oder eine Handlung vollzieht, rät Kant ziemlich deutlich, sich zu fragen: Ist dieses Verhalten gut oder schlecht für die Gesellschaft? Wenn jeder so handeln würde, würde das die Dinge besser oder schlechter machen?

Kant war kein Nihilist; er starb sechzig Jahre, bevor der Begriff überhaupt aufkam. Aber Kants Lehre und der Nihilismus ähneln sich darin, wie sie uns dazu bringen, die Existenz als etwas zu verstehen, das so viel größer ist als wir selbst. Richtig angegangen, kann dieser Maßstab eher inspirierend als erdrückend wirken.

Nietzsche und Kant sind längst verstorbene weiße Männer, deren Leben so ganz anders aussah als das unsere. Aber Beweise für ihre in der Realität umgesetzten Ideen sind in der Gegenwart überall zu finden. Während der Nihilismus im 21. Jahrhundert nach der Erfahrung mancher Menschen weiterhin ein Ort ist, um Schmerz und Wut zu erforschen, ist er auch ein Aufruf, eine Art radikale Selbstlosigkeit zu entwickeln. Wir haben uns bereits damit beschäftigt, wie verbreitet das Gefühl der Sinnlosigkeit im Leben junger Menschen ist. Und während man Incels und »Schwarze Pillen«-Online-Communitys unmöglich ignorieren kann, gilt das auch für die Art und Weise, wie diese Verminderung des Selbst zu einer immer stärker werdenden liberalen sozialen Bewegung geführt hat. Einer, die weniger auf individuelle Sicherheit fixiert ist, sondern eine gerechtere, sicherere und freundlichere Welt fordert, die der breiten Bevölkerung zugutekommt.

In ihrem Buch *A Paradise Built in Hell* untersucht Rebecca Solnit, wie Gruppen sich in Krisenzeiten zusammenfinden und dabei oft die egoistischen und separierenden Impulse, die der Kapitalismus ihnen eingeflößt hat, zugunsten einer einheitlicheren Sicht auf ihre Gemeinschaft verdrängen. Über Erdbeben, Kriege, Katastrophen und Unfälle hinweg dokumentiert Solnit die weitreichende Fähigkeit der Menschen zur Selbstlosigkeit und zum Altruismus und stellt fest: »Wenn all die gewöhnlichen Trennlinien und Muster zerbrochen sind, treten die Menschen selbst hervor – nicht alle, aber die große Mehrheit –, um zu Hütern ihrer Brüder zu werden.«

A Paradise Built in Hell beschäftigt sich hauptsächlich mit Naturkatastrophen und verrückten, von Menschen verursachten Unfällen. Für unzählige Menschen hat sich unser aktuelles Jahrhundert tatsächlich wie eine fortlaufende An-

Kapitel 6

sammlung solcher Katastrophen angeführt. Aber immer wieder haben wir inmitten des Chaos eine neue Generation von Nihilisten erlebt, die aufgestanden ist und »zum Hüter ihrer Brüder« wurde. Obwohl Systeme, die früher Sinn boten, erodiert sind, sind die Individuen (wie Kant hoffte) nicht mit ihnen zerfallen. Und obwohl unzählige von uns zusehen mussten, wie ihre Hoffnungen auf Arbeit, Wohneigentum und finanzielle Sicherheit schwanden, haben wir die Gelegenheit ergriffen, den Status quo insgesamt infrage zu stellen, anstatt zu versuchen, eine letzte Chance für uns selbst zu ergreifen.

Bei denjenigen, die sich für Themen wie Gleichberechtigung aller ethnischen Gruppen, echte Klimalösungen, das Ende von Polizeigewalt und Investitionen in sicheren Wohnraum einsetzen (aber nicht nur dafür), ist das Augenmerk fest auf die Bevölkerung und nicht auf das Individuum gerichtet. Indem wir bestehende Strukturen, die uns in manchen Fällen persönlich dienen, infrage stellen und abbauen, werfen wir Fantasien über unsere eigene Wichtigkeit über Bord, um Raum für neue Ideen zu schaffen, die weiter reichen als unser eigener Vorgarten. Aus dieser Perspektive sind Fahrradfahren, Recycling, Investitionen in saubere Banken und Rentenfonds, Eintreten gegen Steuererleichterungen für Großverdiener, Teilnahme an Protesten gegen schlechte Arbeitsbedingungen, die Ablehnung von Jobs in gut bezahlten, aber moralisch zweifelhaften Branchen, Ablehnung von Sexismus, Rassismus und Klassendiskriminierung im privaten Raum in gewisser Weise Akte des fröhlichen Nihilismus. Es sind Akte, bei denen wir nicht mitwirken, weil sie uns etwa glücklich machen, sondern weil wir wissen, dass unser Glück allein letztlich keine Rolle spielt. Wenn wir bedeutungslos sind, sind es auch unsere egoistischen Bestrebungen.

Dieses Bild der persönlichen Entgrenzung hat sich während der COVID-19-Pandemie in vielen unserer Gemeinschaften gezeigt. Als die Zahlen auf der ganzen Welt in die Höhe schnellten und ganze Städte von den täglichen Raten, Graphen, Vorhersagen und Kurven beherrscht wurden, wurden einige von uns wahrscheinlich Zeuge einer ganz bestimmten Entwicklung. Zuerst machte uns das Virus hyperaufmerksam gegenüber uns selbst: Alles, was wir berührten oder was uns berührte, war ein möglicher Infektionspunkt, der die Krankheit in unseren Körper einschleusen und unser Leben beeinträchtigen oder sogar beenden könnte. Aber im Laufe der Zeit veränderte sich dieses Gefühl.

Zu Beginn des Ausbruchs gründete mein Wohnhaus eine WhatsApp-Gruppe, und die Leute chatteten darauf Tag und Nacht, über ernste Nachrichten und ganz alltägliche Vorkommnisse. Wir schienen stillschweigend zu verstehen, dass wir diese Krise als Kollektiv erlebten und sie als Kollektiv durchstanden; jeder war nur so sicher wie die anderen. Unser vorheriges abgeschottetes, privates Leben war eine Illusion, die durch Glück und eine fragile Gesundheit ermöglicht wurde. Jetzt waren alle Entscheidungen und Handlungen gemeinsame Erfahrungen geworden. Wenn wir uns die Hände wuschen, taten wir es für uns selbst, aber auch für die Haus-

Kapitel 6

genossen, mit denen wir die Türklinken gemeinsam anfassten.

Albert Camus untersuchte diese Gefühle in *Die Pest* und bemerkte: »Aber was für die Übel dieser Welt gilt, gilt auch für die Pest. Das kann einigen dazu verhelfen, zu wachsen.« Diese Vorhersage hat sich im Jahr 2020 durch die Ausbreitung der organisierten informellen Netzwerke für gegenseitige Hilfe bewahrheitet, die sich quer durch die Nachbarschaften ziehen. In den Straßen gibt es Lebensmittellager, in denen Kinder überzähliges Obst und Gemüse aus ihren Gärten abgeben. Menschen, die arbeitslos sind, veranstalten Spendenaktionen für andere, denen es noch schlechter geht als ihnen selbst. Die sozialen Medien haben sich von einem sanften Sprücheklopfer zu einem öffentlichen Informations-Forum entwickelt, in dem Gesundheitsinformationen, Unterstützungsangebote und Solidaritätsbotschaften ausgetauscht werden.

Natürlich wäre es naiv (und wohl auch illusorisch) zu glauben, dass dieser Gemeinschaftsgeist eine universelle Reaktion war. Es ist nicht verwunderlich, dass viele Menschen im Laufe der Krise, die in Wellen an- und abschwillt, in ihre alten Gewohnheiten zurückgefallen sind. Der kollektive Geist und die Einigkeit der ersten Monate sind abgestumpft, während unsere Angst in Langeweile, Frustration, Schuldzuweisungen und Wut umschlägt.

COVID hat sich wie der Nihilismus gebärdet: Einige Menschen hat es in ihre dunkelsten Abgründe getrieben. Andere hat es auf das Jetzt und das Ewige aufmerksam gemacht. Sie gezwungen, im Moment zu leben: Wie fühle ich mich jetzt gerade? Sitzt meine Maske richtig? Sind meine Hände sauber? Aber COVID-19 hat auch von uns gefordert, den Horizont unseres Lebens wie nie zuvor zu betrachten: Was wird am Ende davon übrig sein? Was wird dann wichtig sein? Wie wird die Geschichte über uns schreiben?

Es ist schwierig, mitten in dieser schrecklichen Krankheit herauszufinden, ob der Kult um das Individuum jetzt dauerhaft verändert worden ist. Immerhin haben die Menschen seit Jahrhunderten versucht, sich von der Idee, etwas Einzigartiges zu sein, loszureißen. Im 13. Jahrhundert warnte der persische Dichter Rumi vor den Qualen, die ein einsamer Lebensentwurf mit sich bringt, als er schrieb: »Du klammerst dich mit beiden Händen an diesen Mythos von ›Du‹ und ›Ich‹. Unsere ganze Gebrochenheit ist darauf zurückzuführen.« Stattdessen forderte er die Leser auf, so zu leben, »als ob du und ich nie von einem Du und einem Ich gehört hätten«.

Omid Safi ist Professor für Asien- und Nahoststudien an der Duke University in North Carolina und hat sich auf Rumi sowie die islamische Mystik (den Sufismus) spezialisiert. Im Future-Perfect-Podcast von *Vox* sprach er über den Dichter und darüber, was die Lehren des Sufismus uns in verwirrenden Zeiten bieten können. Er beobachtet, wie Menschen sehr schnell »zu der Überzeugung gelangen, dass wir an unseren Fingerspitzen enden«. Stattdessen sollten wir uns seiner Meinung nach daran erinnern, dass wir fließende Wesen sind, deren Seelen »sich bereits ausdehnen und mit anderen

Kapitel 6

Menschen verwoben sind«. Mit diesen Ideen im Hinterkopf schlägt Professor Safi eine alternative »Auslöschung des Egos« vor, die das Konzept eines von anderen getrennten Selbst ablehnt und stattdessen »ein Leben, eine Seele, eine Sehnsucht, eine Lebensweise, eine Liebe« akzeptiert. Nur dann, so meint er, könnten »der Schmerz und das Leiden, das wir in einem anderen wahrnehmen, in unserem eigenen Schmerz und unserem eigenen Leiden nachhallen«.

Der Gedanke, dass Leiden die Einheit fördert und über Konkurrenz und Spaltung die Oberhand gewinnt, zieht sich wie ein roter Faden durch *A Paradise Built in Hell*. In Bezug auf Gemeinschaften, die Katastrophen überleben und sie anschließend als Beginn von Zeiten der Versöhnung und Besinnung begreifen, sagt Solnit: »Diese beeindruckenden Gesellschaften legen die Vermutung nahe, dass – so wie viele Maschinen nach einem Stromausfall auf ihre ursprünglichen Einstellungen zurückgesetzt werden – sich auch die Menschen nach einer Katastrophe auf etwas Altruistisches, Gemeinschaftliches, Einfallsreiches und Fantasievolles zurückbesinnen; dass wir zu etwas zurückkehren, von dem wir bereits wissen, wie es geht. Die Möglichkeit eines Paradieses ist bereits als Standardeinstellung in uns angelegt.«

Nihilistische Gedanken harmonieren traditionell nicht mit Dichtung, Mystik oder Meditationen über die Widerstandsfähigkeit des menschlichen Geistes. Aber gemeinsam kommen sie zu einer ähnlichen Schlussfolgerung: Die Fixierung auf sich selbst ist sinnlos.

Menschen schließen sich aus unzähligen Gründen Sinnsystemen an. Und es ist naiv anzunehmen, dass wir durch ein Buch (oder in einem Leben) jemals verstehen könnten, warum Menschen beten, von ihrem Job besessen sind, von der Liebe träumen oder sich von Verschwörungstheorien einfangen lassen. Aber es ist nicht ganz abwegig zu sagen, dass Menschen auf der Suche nach Sinn auch nach Spuren von Glück, Frieden und Verbindung suchen. Ob in der Kirche oder einem Instagram-Livestream, wir alle streben nach Erleichterung.

2019 habe ich die New Yorker Autorin Jia Tolentino vor der Veröffentlichung ihrer aufsehenerregenden Essaysammlung *Trick Mirror. Über das inszenierte Ich* porträtiert. Das Buch berührt mehrere dieser Themen, und so ist es wohl nicht überraschend, dass sich unser Gespräch auch dem Nihilismus und seiner Fähigkeit zum Guten zuwandte. Tolentino gab zu, dass sie das Gefühl der Bedeutungslosigkeit »wirklich aufrüttelnd« finde, und fügte hinzu: »Wenn wir nur für einen Wimpernschlag hier sind und generell nichts von Bedeutung ist, fühlt es sich an, als wäre es ein Freibrief, sich auszutoben. Viele Dinge auszuprobieren, sein Bestes zu geben, weil die Chancen so gut stehen, dass nichts davon eine Bedeutung hat. So fühle ich mich perverserweise frei, es zu versuchen.«

Freiheit ist etwas, worüber die meisten von uns nachdenken und was sie auch begehren. Freiheit ist neben dem Sinn eine der verlockendsten und schwer fassbaren Belohnungen, die wir für ein »richtig« gelebtes Leben erhalten. Sie ist auch

Kapitel 6

eine der größten Belohnungen, wenn wir uns dem Nihilismus aussetzen; sie bereitet das größte Vergnügen. Kritiker des Nihilismus befürchten, dass er zu einer Freiheit führt, die in einen zerstörerischen Egoismus mündet. Doch in Wirklichkeit bietet der fröhliche Nihilismus eine Chance, sich von Strukturen zu lösen, die uns vorschreiben, was wir denken, fühlen, wertschätzen und wünschen sollen. Ein Partner, der nicht alle von uns konstruierten romantischen Erwartungen erfüllt, ist kein gescheiterter Heathcliff aus *Sturmhöhe*, sondern nur eine weitere zufällige Ansammlung von Atomen, die uns manchmal zum Lachen bringt. Eine verpasste Gelegenheit auf Arbeit ist kein Zeichen dafür, dass wir minderwertig sind; sie stellt ein Zeit- und Machtkriterium dar, das eine andere Person uns aufzuerlegen versucht. Eines, das wir mit einem Achselzucken abtun können, weil wir begreifen, dass diese verpasste Gelegenheit, wie alles andere auch, im gähnenden Abgrund des Universums bedeutungslos ist.

In beiden Fällen ist es besser, unsere endliche Zeit anderweitig zu verbringen und Freuden zu genießen, die real sind und nicht eingebildet. Ich persönlich mag es, meinen Hund zu streicheln, spazieren zu gehen oder etwas Leckeres zu essen. So oder so, die intensive Begegnung mit dem Nihilismus gibt uns die Freiheit, unser Leben nicht nur zu leben, sondern es auch zu genießen. Denn in Wirklichkeit ist es so, dass die Suche nach Sinn uns zwar die Welt öffnen und uns helfen soll, andere und uns selbst zu verstehen, unsere Sinnfixierungen aber allzu oft damit enden, dass sie uns genau dieser

Möglichkeit berauben. Wir wollen glauben, dass Sinn unsere Handlungen bereichert und erhöht, aber weit öfter beschwert der Sinn unsere Handlungen mit dem Bedürfnis, dass diese »einen Sinn« haben sollen.

Mein Freund ist Werbegrafiker, der auch als Dozent an der Universität tätig ist. Während des Lockdowns wurde sein wöchentlicher Unterricht auf Zoom verlagert, was mir die überraschend angenehme Erfahrung ermöglichte, ihn von meinem benachbarten Schreibtisch aus in Aktion zu erleben. In einem Seminar ermutigte er seine Studenten, ein spielerisches Element in ihre Übung einzubauen, und brachte sie auf diese Weise dazu, sich Zeit zu lassen, zu experimentieren und für sich selbst Kunst zu schaffen, die kein anderer jemals sehen, beurteilen oder belohnen würde. Er sagte ihnen, dass diese Zeit genauso wichtig sei wie ihre benoteten oder abrechenbaren Stunden, da sie ihnen nicht nur erlaubte, ihren Stil zu entwickeln, sondern auch dafür sorgte, dass sie eine Beziehung zu diesem Prozess, den sie liebten, aufrechterhalten würden, der eben keine Arbeit sei. Für mich klang das wie ein guter Rat, aber das deutliche Unbehagen der Studenten war erschütternd. Immer wieder fragten sie ihn, wie sich diese Arbeit auf die Abschlussarbeiten und die zukünftigen Noten auswirken würde. Sie waren nicht nur verwirrt von der Anleitung zu sinnlosem Vergnügen, sondern ganz eindeutig verzweifelt darüber.

Ich bin sicher, viele von uns können das Unbehagen der Studenten nachvollziehen. Was mein Freund als Freiheit an-

Kapitel 6

sah, empfanden sie als sinnlos. Eine sinnlose Verschwendung ihrer wichtigen, quantifizierbaren Zeit, die sie besser mit der Verfolgung eines »sinnvollen« Ziels verbringen sollten, wie etwa eine Note zu bekommen, nach der in sechs Monaten niemand mehr fragen würde. Das »sinnlose« Ziel, die Arbeit zu genießen, schien ihnen absurd. Was ehrlich gesagt verständlich ist. Sinnlosigkeit ist ein Zustand, dem zu misstrauen wir konditioniert worden sind. Kompetitive und prekäre Arbeitsstrukturen, elterlicher Druck, Studentenschulden, in die Höhe schießende Lebenshaltungskosten und veraltete Erfolgskriterien wie der Kauf eines Hauses haben die meisten von uns mit dem bodenlosen Gefühl belastet, immer hinter dem zurückzubleiben, was wir auf der Suche nach einem »guten Leben« eigentlich tun sollten. In dem Bestreben, Zeit aufzuholen, versuchen wir, jede Handlung so sinnvoll wie möglich zu gestalten. Alles, was wir tun, braucht einen Sinn, einen Fokus, ein Ziel, in dem Versuch, einen weiteren Schritt in Richtung Glück und Erfolg zu tun.

Aber wie dieses Buch zeigt, ist das ein falsches Versprechen. Das atemlose Streben nach den meisten »bedeutungsvollen« Errungenschaften lässt Sie eher gestresst, erschöpft, enttäuscht und frustriert zurück. Wenn diese »Sinnfindung« Sie also unglücklich macht, entsteht vielleicht eine Alternative: die Bereitschaft, sich an der Sinnlosigkeit zu erfreuen.

Das erste Mal, dass mir der Nihilismus wirkliche Erleichterung verschaffte, war am Straßenrand, kurz vor einer Panikattacke, als ich dachte: »Wen kümmert's, eines Tages werde ich tot sein, und niemand wird sich mehr an mich erinnern.« Dieser vermeintlich brutale Refrain ist zu einem gängigen Motto geworden. In einer anderen Umgebung sind dies böse Worte innerhalb einer toxischen Spirale. Aber zusammen mit dem Bekenntnis zur Bedeutungslosigkeit durchdringen sie mein eigenes verzerrtes und groteskes Selbstverständnis. Sich an seine Bedeutungslosigkeit zu erinnern, kann eine süße, befreiende Erleichterung sein.

Es lohnt sich, hier einen Moment innezuhalten und zuzugeben, dass es einfacher sein kann, über diese Haltung der Sinnlosigkeit zu lesen (oder zu schreiben), als sie tatsächlich auszuüben. Über Nihilismus im Allgemeinen lässt sich leichter nachdenken, wenn das Wetter gut ist, es unseren Lieben gut geht und die Nachrichten nicht allzu beängstigend sind. Diese Perspektiven sind jedoch unbestreitbar komplexer für die Menschen, die mit Verlust leben oder deren Körper von Schmerz und Krankheit gepeinigt ist. Wenn sich das Leben zerbrechlich anfühlt, sind die meisten von uns weniger offen für Gedankenexperimente über die Sinnlosigkeit der Existenz. Denn kennzeichnend für den Nihilismus, egal wie fröhlich er auch sein mag, ist, dass er letztlich viel Nachdenken über den Tod erfordert. Sich mit der Leere des Lebens auseinanderzusetzen, bedeutet auch, die leere Endgültigkeit zu akzeptieren, dass alles eines Tages enden wird.

Selbst Menschen, die nicht von Reinkarnation, einem Leben nach dem Tod oder von Absolution träumen, suchen nach Formen von Sinn, in der Hoffnung, dass dies den Ge-

Kapitel 6

danken an den Tod erträglicher macht. Es liegt ein gewisser Trost in der Vorstellung, dass unser Leben einen Sinn hatte. Dass wir es richtig gelebt haben, dass wir das getan haben, was wir tun sollten, dass wir die zugewiesenen Felder abgehakt haben. Aber die Konfrontation mit dem Tod und der Sinnlosigkeit muss nicht brutal sein.

Gedanken an meinen eigenen Tod bringen mich zu mir selbst zurück, wenn ich niedergeschlagen bin. Sie erinnern mich daran, dass es mich eines Tages nicht mehr geben wird, und lassen das, was mich gerade belastet, klein erscheinen. In helleren Momenten, wenn ich besonders zufrieden mit mir bin, durchbohrt die Erkenntnis, dass mein Körper eines Tages verschwinden wird, mein aufgeblasenes Ego. Aber selbst an den gewöhnlichsten Tagen verwandelt die Akzeptanz der Endlichkeit die von mir nicht beachtete fade Umgebung in eine überwältigende Fülle von Gerüchen, Anblicken und Erfahrungen, die sich plötzlich sehr ungewöhnlich anfühlen.

Diese »Achtsamkeit gegenüber dem Tod« ist ein zentrales Thema in der Arbeit der KI-Forscherin und buddhistischen Lehrerin Dr. Nikki Mirghafori. Sie interessiert sich schon lange für unser Bestreben, dem Tod zu entkommen – sei es durch Biohacking unserer Körper, die Suche nach Sinn oder durch das Festhalten an Glaubenssystemen, die uns versichern, dass der Tod nicht das Ende sei. Aber anstatt den Gedanken an die Kürze des Lebens zu vermeiden, schlägt sie vor, unsere eigene Sterblichkeit zu akzeptieren und uns mit der Unbeständigkeit des Lebens zu konfrontieren, um so unsere Lebensweise mit unseren eigenen Werten in Einklang zu bringen. Sie weist darauf hin, dass unser mangelndes Interesse an Überlegungen, wie kostbar und flüchtig unser Leben ist, es erst ermöglicht, dieses Leben zu verschwenden. Unsere Fähigkeit, endlos schlechte Nachrichten zu konsumieren, gedankenlos fernzusehen und an Aktivitäten teilzunehmen, die wir nicht als bereichernd oder lohnend empfinden, wird in dem Maße gefördert, wie erfolgreich wir uns bereits von der Vorstellung gelöst haben, dass die Zeit endlich und unser Leben begrenzt ist.

Um Menschen zu helfen, ihrer Angst vor dem Tod zu begegnen und das eigentümliche Wunder zu erleben, das daraus entstehen kann, empfiehlt sie, mit dem Mantra »dies könnte mein letzter Atemzug sein« zu meditieren. Die Theorie besagt, dass man sich auf diese Weise nach und nach durch den Schrecken arbeitet, indem man beobachtet, was während der Übung an die Oberfläche kommt, und sich jeder Angst stellt, bis man schließlich einen Ort des Friedens erreicht.

Ich kann aus eigener Erfahrung sagen, dass diese Übung eine beängstigende Erfahrung ist. Am Anfang fühlt sich diese Übung, wie die meisten Meditationssitzungen, albern an. Aber sobald man sich darauf einlässt, dasitzt und ein- und ausatmet, beginnt eine Verwandlung. Die Situation scheint erst albern zu sein, dann droht sie, Sie zu ersticken, wenn Sie sich bewusst werden, was Sie Ihrem Gehirn tatsächlich sagen. Es ist fast so, als würden Sie Ihre letzten Momente proben und Ihren Geist dazu einladen, vor Angst, Bedauern, Sehnsucht,

Kapitel 6

Verlust, Liebe und Dankbarkeit überzuquellen. Mit jedem Einatmen, das wie ein prophezeites letztes erscheint, wird das nächste zu einem Geschenk. Und wenn Sie damit fertig sind, können Sie gar nicht anders, als den Rest des Tages mit einem gewissen Hochgefühl anzugehen, weil Sie überhaupt am Leben sind. Dieses Mantra ruft ein ähnliches Gefühl hervor, als würde man sich dem Nihilismus aussetzen: Es hinterlässt ein Gefühl von Glück, Einfachheit, Zerbrechlichkeit, Unsichtbarkeit, Zärtlichkeit und grenzenloser Dankbarkeit selbst für die schmerzhaften Momente des Tages.

Epikur sagte einmal: »Der Tod geht uns nichts an, denn solange wir existieren, ist der Tod nicht da. Und wenn er doch kommt, existieren wir nicht mehr.« Das ist eine schönere Version des schnoddrigen »Wen kümmert's, eines Tages bin ich tot«, aber auch ein grundlegendes Konzept seiner Philosophie und seiner Vision davon, wie das Leben erlebt werden sollte. Epikur glaubte nicht an ein Leben nach dem Tod, als Strafe oder Belohnung. Er lehrte, dass das Leben mit allem, was es zu bieten hat, in diesem Augenblick geschieht. So wie der Nihilismus mit engstirniger Zerstörung assoziiert wird, ist Epikurs Name zum Synonym für Hedonismus und ein unaufhörliches Streben nach egoistischen Vergnügungen geworden. Doch in Wirklichkeit war Epikur sich sicher, dass diese Art des Lebens die Menschen von Materialismus und Gier wegführen würde. Sein Lustprinzip war darauf ausgerichtet, gut zu sein und Gutes zu tun. Er meinte, dass man dieses eine kostbare Leben genießen und keinen Moment mit

Schuldgefühlen oder Sorgen wegen des Schmerzes, den man anderen möglicherweise zufügt, vergeuden sollte. Der einzige Weg, sich wirklich gut zu fühlen, sei der, Menschen gut zu behandeln.

Um 308 oder 307 v. Chr. kaufte Epikur ein Haus mit Garten außerhalb von Athen und gründete das, was wir heute wahrscheinlich eine Kommune nennen würden, in der er diese Theorien in die Praxis umsetzen konnte. Die Einzelheiten des Ortes sind mit der Zeit verloren gegangen, aber es wird angenommen, dass die Anhänger seiner Arbeit dort einfach und gemeinschaftlich lebten, ihre Ideen teilten, ihren Interessen nachgingen, der Natur nahe waren und allgemein über den Wert der Freundschaft nachdachten – was Epikur sehr wichtig war.

Wir können nicht mit Sicherheit wissen, wie der Garten aussah, obwohl man sich ihn leicht als Himmel auf Erden vorstellen kann. Aber seine und Dr. Mirghaforis Aussage, dass die Auseinandersetzung mit dem Tod, der Zerbrechlichkeit und der Vergänglichkeit zur Erfüllung führen kann, lässt sich auch anderswo nachweisen. In ihrem im *Atlantic* erschienenen Essay *Surrendering to Uncertainty* berichtet die Schriftstellerin Heather Lanier, wie die Erfahrung, ein schwerkrankes Kind großzuziehen, ihre Sichtweise auf das Leben verändert hat: »Ich liebte von ganzem Herzen ein Baby, das ich durch viele entsetzliche Möglichkeiten verlieren konnte. Aber die Zärtlichkeit, die ich fühlte, vermittelte mir ihre eigene Weisheit. *Vergeude diese Möglichkeit nicht*, sagte

Kapitel 6

sie. *Du willst sie mit aller Macht wegwünschen. Aber es gibt etwas Lebenswichtiges hier, in all diesem Unbekannten. Es wird dich lehren, warum du wirklich am Leben bist.*« Lanier gibt zu, dass sie vor der Geburt ihrer Tochter die gleichen Werte und Bestrebungen hatte wie viele von uns: »Ich dachte, ich lebe, um perfekt zu sein, um Auszeichnungen, Lob und Siege zu erringen.« Aber sich um ihre Tochter zu kümmern, »die niemals über bestimmte Entwicklungsschritte hinauskommen wird und für die es eine große Leistung wäre, wenn sie lernen würde, ihr Essen zu kauen«, veränderte all das. Die Erfahrung mit ihrer Tochter hat eine Veränderung in Heather Lanier bewirkt. So nah an der Zerbrechlichkeit des Lebens zu sein, »brachte in mir eine schmerzliche Zärtlichkeit zutage«. Es führte dazu, dass sie ihre »früheren Ansichten darüber, was wichtig ist und was das Leben lebenswert macht«, infrage stellte. Das brachte sie zu der persönlichen Offenbarung, dass »alles vergänglich ist. Nichts ist sicher.«

Es ist seltsam, über Sinn- und Bedeutungslosigkeit zu schreiben, denn das Schreiben ist – wie so viele Bereiche des Lebens – darauf ausgerichtet, auf den Punkt zu kommen und einen Abschluss zu erreichen. Aber der fröhliche Nihilismus zelebriert genau das Gegenteil: die Akzeptanz eines Chaos mit offenem Ende. Andy Warhol sagte einmal: »Je öfter man genau dasselbe sieht, desto mehr verschwindet die Bedeutung, und desto besser und leerer fühlt man sich.« Er sprach damit über seine absichtlich sinnlose Kunst, die dennoch so tief etwas in uns anspricht, dass sie regelmäßig für zig Millionen Dollar verkauft wird. Aber trotz seines Beispiels ist die Leere kein Gefühl, das viele von uns mit Inbrunst kultivieren. Auf der Suche nach Bedeutung und einem Sinn stopfen wir unser Leben mit Reizen, Botschaften, Vernunft, Regeln und Erwartungen voll. Wir suchen nach Sinn und Schlussfolgerungen, um am Ende einer Aufgabe, einer Kunstausstellung, eines Aufsatzes, eines Lebens anzukommen und sagen zu können: Das ist der Wert. Das ist der Sinn.

Aber der fröhliche Nihilismus betont, dass es eben kein Ende gibt, von diesem Kapitel, diesem Buch, diesem Leben. Stattdessen ruft die Hinwendung zum Nihilismus uns dazu auf, das Vergnügen zu entdecken, das in der Leere, im Hohlraum zu finden ist. Es ist gleichzeitig ein sehr einfaches und ein höchst komplexes Gebot. Eines, das so wenig von uns verlangt, außer einer totalen Umdeutung dessen, wie wir Erfolg, Existenz, Tod und uns selbst betrachten.

Kapitel 7

Das Vergnügen an der Sinnlosigkeit

Geschichte, Familie, Kultur, Religion und Reklametafeln haben uns lange vermittelt, dass das Streben nach Sinn unser Leben bereichert, uns mit Sinn erfüllt und den Alltag ein wenig erträglicher macht. Aber trotz dieses Versprechens lohnt es sich, innezuhalten und zu fragen: Wie viele Menschen empfinden das tatsächlich so? Bei all unserem Reden, Lesen, Nachdenken, Debattieren und Streiten über den Sinn: Wer geht am Ende des Tages nach Hause, schaut sich im Spiegel an und sieht eine Person, die selbstbewusst den Sinn ihres eigenen Lebens begreift?

In Wirklichkeit hat unser Verhältnis zu Sinn und Zweck im 21. Jahrhundert weniger mit Erleuchtung und Frieden zu tun als vielmehr mit erdrückenden Erwartungen und endloser Selbstverliebtheit. Wir geben allem einen Sinn, von der Arbeit im Haushalt bis zur Gesichtsbehandlung, und fressen uns mit dem daraus resultierenden, wenn auch künstlichen, Sinngefühl voll. Wie Virginia Heffernan, Autorin von *Magic and Loss: The Internet as Art*, gegenüber der Zeitung *Politico* sinnierte: »Die jüngste Fantasie, ein Leben zu ›optimieren‹ – im Sinne von Höchstleistung, Produktivität, Effizienz –, hat eine Heimindustrie entstehen lassen, die versucht, auch den trostlosesten Existenzen noch einen heroischen Anstrich zu verleihen.«

Innerhalb dieser Fantasie wird jeder wache Moment analysiert und dargestellt. Es wird unmöglich, auch nur das Bett zu machen, ohne sich vorher zu fragen: Warum tue ich das? Was bedeutet es? Was sagt es über mich aus? Wie trägt es zu meiner glorreichen Zukunft bei? Das ist anstrengend. Wir sind alle erschöpft. Und wir erschöpfen uns gegenseitig. Warum machen wir also weiter? Warum beteiligen wir uns an all diesem Suchen, Strapazieren und Erfinden von Bedeutung – selbst wenn es nur zu unserem eigenen Unbehagen beiträgt? Wir tun es, weil die Alternative noch beunruhigender ist. Bedeutung zu verneinen, zu akzeptieren, dass wir nichts bedeuten und alles andere auch nichts bedeutet, heißt nichts anderes, als sich der unvermeidlichen und berüchtigten Leere zu stellen.

Die Leere kann sich für jeden Menschen anders darstellen und anfühlen. Für manche ist es ein Gefühl der Sinnlosigkeit, eine tiefe Einsamkeit, ein Schrecken vor dem Tod. Wie auch immer sie auftritt, die Reaktion ist in der Regel die gleiche: Wir versuchen, sie zu füllen. Anstatt uns unserer eigenen Bedeutungslosigkeit zu stellen, erschaffen oder glauben wir an Systeme, die uns suggerieren, dass wir absolut wichtig

Das Vergnügen an der Sinnlosigkeit

sind. Ob Sie nun Religion, Liebe, Arbeit, Ego, Aufmerksamkeit, Geld, Ruhm oder irgendeine andere Währung wählen, Sie praktizieren denselben Akt der Selbsterhaltung – Widerstand gegen den Abgrund. Wir alle haben Angst, dass etwas Schreckliches passiert, wenn wir uns nicht an der Suche nach Sinn beteiligen. Dass uns die Akzeptanz der Sinnlosigkeit des Lebens auffressen wird, uns von innen heraus verrotten lassen wird und uns in das vertraute Gespenst eines toxischen Nihilisten mit seiner schwarzen Pille verwandelt.

Also weichen wir vor der Leere zurück. Oder versuchen zumindest, sie zu füllen, indem wir jede Interaktion und jeden Moment mit einem scheinbaren Zweck beladen. Aber es gibt noch eine andere Möglichkeit: sich tatsächlich tiefer in die Dunkelheit hineinfallen zu lassen und zu akzeptieren, dass wir irgendwann verschwinden und vergessen werden. Das befreit uns von den Bedeutungssystemen, die alles tun, um uns abzulenken und zu trösten, sich dabei aber meist erschöpfen. Es sind diejenigen Systeme, die uns vielleicht von unseren unmittelbarsten Ängsten abschirmen, uns aber auch daran hindern, voll und ganz zu begreifen, dass unser Leben sinnlos, zerbrechlich, kostbar und schillernd ist.

Der fröhliche Nihilismus ist ein Weg für uns, uns damit auseinanderzusetzen, indem wir den Fokus auf die größten und kleinsten Bereiche unseres Lebens lenken. Dieser Nihilismus sagt, dass du nicht wichtig bist, dass dein Leben sinnlos ist, dass es zu keiner großen Bedeutung oder Offenbarung führt. Mit dieser Entschlossenheit verschieben sich Sicht-

Kapitel 7

weisen. Die kleinsten Themen blähen sich auf, die größten treten in den Hintergrund, und unzählige Themen, die normalerweise einen Großteil unserer Energie in Anspruch nehmen, erscheinen nun läppisch. Wenn wir sagen, dass nichts von Bedeutung ist, dass wir nur ein Leben haben, das viel zu schnell vorbei und dann vergessen sein wird, wandert unsere Aufmerksamkeit in das Jetzt. Das Einzige, was sich wirklich real anfühlt, ist die Gegenwart, nicht die Projektion dessen, was sein könnte, was eines Tages existieren könnte.

Manchmal, wenn ich bei Läufen mitmache, bei denen ich eine schlechte Figur abgebe, mein Geist zerstreut ist und mein Körper nicht mitmacht, sage ich mir: »Diesen Tag wird es nie wieder geben. Danach ist er weg, du kannst ihn nicht wiederholen.« Anstatt mich vom Strom der endlos vergehenden, nie mehr ersetzbaren Zeit mitreißen zu lassen, werde ich mir der Kostbarkeit eines solchen sinnlosen (und sogar unbequemen) Moments bewusst. Ich bemerke, wie die Eukalyptusbäume den Fluss säumen, ich nehme den stechenden Geruch des Eukalyptus wahr und wie er sich im Laufe des Jahres verändert.

Solche Glücksbringer sind in unserem Leben vielfach zu finden. Wenn Sie das nächste Mal einen köstlichen Pfirsich essen, in das Gesicht von jemandem schauen, den Sie lieben, oder über einen guten Witz lachen, versuchen Sie, einen Schritt zurückzutreten und diese Situation als fröhliche Nihilistin, als fröhlicher Nihilist zu betrachten. Erinnern Sie sich daran, dass dieser Moment ohne Grund existiert, er ist in vie-

Das Vergnügen an der Sinnlosigkeit

lerlei Hinsicht ein kosmischer Fehler, ein Zufall. Aber einer, bei dem Sie das Glück hatten, ihn zu erleben. Das wird einen süßen, vorübergehenden Moment wie das größte Geschenk Ihres Lebens erscheinen lassen. Was er natürlich auch ist, wie alle vergehenden Momente, die zufällig existieren und sich dann für immer auflösen.

Wahrscheinlich sind dies Fähigkeiten, die viele von uns bereits während der COVID-19-Pandemie zu verfeinern gelernt haben. Zeiten der Krise und der Angst haben die Tendenz, dass wir unser Leben klarer sehen, was uns erlaubt, die großen und kleinen Probleme leichter zu erkennen als in guten Zeiten. Wenn wir traurig sind, haben wir ein genaues Wissen davon, was uns früher glücklich gemacht hat. Wenn wir einsam sind, wissen wir genau, wen wir lieben und vermissen. Wenn wir etwas entbehren müssen, haben wir keinen Zweifel daran, was für uns besonders wertvoll ist.

In meiner Heimatstadt Melbourne gab es einen der längsten und strengsten Lockdowns der Welt. Es war schrecklich, aber auch erhellend. So viele Räume, in denen ich zuvor nach Sinn gesucht hatte, erschienen plötzlich unfruchtbar. Mein Interesse an einer Karriere schwand, während ich mich neuen Beschäftigungen widmete, die sich zuvor wie Zeitverschwendung angefühlt hatten. Ich widmete der Pflege und Instandhaltung meines kleinen Balkons viel Energie, pflanzte Jasmin und Lavendel, um mich meiner Mutter und ihrem Garten näher zu fühlen, die ich beide nicht mehr besuchen konnte. Ich wusste, dass es wichtig war, meinen Job zu behal-

Kapitel 7

ten, und respektierte die Menschen, die ihn mir gaben. Aber ich verstand auch, dass er mir nichts bieten konnte, was sich auch nur annähernd so gut anfühlen würde wie sich auf dem Rasen meiner Eltern auszustrecken. Etwas, das ich früher vielleicht für sinnlos erklärt hätte.

COVID-19 stürzte mit genug Wucht in unser Leben, um die meisten von uns endgültig aus dem Zentrum ihres eigenen Universums zu vertreiben. Es forderte uns auf, über andere, über unseren Einfluss und über die Sinnlosigkeit unseres individuellen Erfolgs und Glücks angesichts des Leidens anderer Menschen nachzudenken. Eine Generation von Nihilisten hatte dies bereits vorher entdeckt, lange bevor sie von der Pandemie gehört hatten. So wie viele Millennials von der Vorstellung von Sinn erdrückt wurden, so wurden andere Menschen durch den Nihilismus befreit und besänftigt.

Diejenigen von uns, die inmitten sich auflösender Systeme aufgewachsen sind, welche eigentlich ein Gefühl von Sinn verstärken sollten – eine feste Anstellung, Wohneigentum, die Anhäufung von persönlichem Reichtum, das Versprechen, dass man eines Tages frei von erdrückenden Schulden sein wird –, haben stattdessen eine einzigartige Perspektive auf den eigenen Komfort entwickelt. Wir verstehen, dass, selbst wenn wir in der Lage wären, einen Sinn in unserem Leben zu finden, dieser innerhalb von Strukturen existieren würde, die noch immer so viele andere Menschen ausbeuten und nicht beachten. Anstatt weiterhin verblassende Mythen über individuelle Größe aufrechtzuerhalten, denkt eine neue

Das Vergnügen an der Sinnlosigkeit

Generation über die Alternative nach. Es ist eine Alternative, die sich inmitten des Mainstreams den Ideen eines staatlichen Gesundheitssystems, von bedingungslosem Grundeinkommen, weitreichenden Umweltreformen und der Abschaffung von Milliardären geöffnet hat. Die fröhlichen Nihilisten und Nihilistinnen definieren sich nicht durch ein Gefühl der zerstörerischen Hoffnungslosigkeit, sondern sind von der Idee durchdrungen, dass der individuelle Sinn eine Fata Morgana ist, wenn alle anderen um einen herum in einer Wüste leben.

Wenn Sie sich die Dinge ansehen, die Sie angeblich haben wollen – einen perfekten Partner, einen Job, auf den die Leute neidisch sind, ein gewisses Verständnis von Religion –, und bedenken, dass sie alle, inklusive der Bedeutung, die ihnen innewohnt, konstruierte Fantasien sind, wirken sie plötzlich hohl. Sie werden als Instanzen entlarvt, die uns kontrollieren und verhätscheln. Aber wenn Sie die gleiche Aufmerksamkeit auf das lenken, was Sie in Wirklichkeit glücklich macht – geliebte Menschen, die Natur, ein ruhiger Nachmittag –, behalten sie ihren ganzen Glanz, ohne dass ihnen Sinnmythen übergestülpt werden. Eine Generation, die die Sinnlosigkeit von bedeutungslosen Systemen durchschaut hat, versteht das. Sie fängt an, diese ruhigeren Freuden zu bevorzugen, und denkt dabei an den Planeten, das Wohlergehen anderer und an eine Zukunft, in der alle Menschen in der Lage sind, sich inmitten solch angenehmer Freuden zu bewegen.

In Wahrheit sind wir alle vom Leben besessen, weil wir uns vor dem Tod retten wollen. Wir machen die Frage nach dem Sinn unwahrscheinlich groß, um damit auszugleichen, wie unwahrscheinlich klein wir sind. Wir blähen uns auf, um von der Tatsache abzulenken, dass es eine Menge Arbeit bedeutet, gut zu anderen zu sein. Wir wünschen uns eine magische Glücksformel, weil die Dinge, die wir tun müssen, um glücklich zu sein, nicht die sind, die uns Aufmerksamkeit, Lob, Orientierung und Bestätigung bringen. Aber wenn wir uns dem fröhlichen Nihilismus zuwenden, können wir einen alternativen Zustand herbeiführen. Einen, der besagt: Kümmere dich nicht darum, den Sinn des Lebens zu suchen, frage stattdessen: Wovon bringt mich meine Besessenheit gerade weg? Wie versucht sie, mich zum Denken und Verhalten zu bewegen? Wo könnten diese Energie und dieser Fokus besser eingesetzt werden?

Im Laufe der Geschichte haben wir den Sinn in Gott, der Liebe, der Arbeit und in uns selbst gesucht. Es ist mir nicht entgangen, dass ich mit diesem Buch in vielerlei Hinsicht denselben Trick wiederhole. Zehntausende von Wörtern der Macht der Sinnlosigkeit zu widmen, ist im Grunde nur ein weiteres Klammern am Sinn. Verständlicherweise ist es für den Menschen unmöglich, die Idee ganz aufzugeben. Aber das heißt nicht, dass wir von ihr verschluckt werden müssen.

Eine Realität ohne jeden Hauch von Sinn ist schwer vorstellbar. Aber der fröhliche Nihilismus bietet eine Existenz, die zumindest nicht ganz von Sinn verzehrt wird. Er lädt uns ein, dem Drang zu widerstehen, die Aktualität unseres eigenen Lebens in den Vordergrund zu stellen, und den existenziellen Wahnsinn des Daseins, die Seltsamkeit des Geborenwerdens sowie die Kakofonie der Mutationen, die über Jahrmilliarden stattfanden und uns bis hierhergeführt haben, nicht so wichtig zu nehmen. Wenn wir das surreale Wunder unseres Lebens voll und ganz annehmen, fällt es uns leichter, nicht mehr zu viel von ihm zu verlangen. Die Gefahr des Sinns besteht darin, dass er uns darauf konditionieren kann, uns mit der absurden Schönheit der Existenz unzufrieden zu fühlen, uns endlos zu fragen: »Ist das alles?«

Der fröhliche Nihilismus erinnert uns daran, dass es das unweigerlich ist: tatsächlich alles. Unser Leben ist eine bedeutungslose Verdrehung des Zufalls, ein Zusammenspiel von Glück und zufälligen Ereignissen. Alles, was wir lieben, ist in irgendeiner Weise ein Trugbild, das bald verblassen und für immer verloren sein wird. Aber zu existieren, einen Moment auf diesem sinnleeren Planeten erlebt zu haben, fühlt sich wie ein so bizarres Geschenk an, dass es überhaupt keinen Sinn mehr benötigt.

Weiterführende Lektüre

Viele Bücher, Artikel, Podcasts, Filme und Gespräche haben mir beim Schreiben dieses Buches geholfen. Auch wenn ich im Text mehrfach auf sie verwiesen habe, gab es doch eine Handvoll besonders prägender Texte, die mir halfen, die in diesen Kapiteln behandelten Ideen und mein persönliches Verständnis der Welt im Allgemeinen noch deutlicher zu formulieren.

Wenn Sie sich über diese Themen weiter kundig machen wollen (auch über Nietzsche hinaus), oder sich einfach nur mit qualitativ hochwertigen Inhalten beschäftigen möchten, empfehle ich Ihnen die folgenden Schriften:

Albert Camus, *Die Pest*, übers. von Uli Aumüller, Reinbek, Rowohlt 1998

Viktor Frankl, *Der Mensch auf der Suche nach Sinn*, Stuttgart, Klett 1972

Richard Layard, *George Ward, Can We Be Happier? Evidence and Ethics*, Penguin, 2020

Jenny Odell, *Nichts tun. Die Kunst, sich der Aufmerksamkeitsökonomie zu entziehen*, München, C. H. Beck 2021

Weiterführende Lektüre

Sue Prideaux, *I Am Dynamite!: A Life of Friedrich Nietzsche*, Faber & Faber, London 2019

Zadie Smith, *Betrachtungen. Corona-Essays*, Kiepenheuer & Witsch, Köln 2020

Rebecca Solnit, *A Paradise Built in Hell: The Extraordinary Communities that Arise in Disaster*, Penguin, 2020

Jia Tolentino, *Trick Mirror: Über das inszenierte Ich*, S. Fischer, Frankfurt 2021

Arthur C. Brooks, »How to Build a Life«, in: *The Atlantic*, 9. April 2020, online verfügbar unter: https://www.theatlantic.com/projects/how-build-life/ (letzter Abruf 28.03.2022)

Ryan Brooks, »Generation Free Fall«, in: *Buzzfeed News*, 20. April 2020, online verfügbar unter: https://www.buzzfeednews.com/article/ryancbrooks/gen-z-young-millennials-coronavirus-pandemic-recession (letzter Abruf 28.03.2022)

Sean Illing, «The alt-right is drunk on bad readings of Nietzsche. The Nazis were too«, in: *Vox*, 30. Dezember 2018, online verfügbar unter: https://www.vox.com/2017/8/17/16140846/alt-right-nietzsche-richard-spencer-nazism (letzter Abruf 28.03.2022)

Heather Lanier, «Surrendering to Uncertainty«, in: *The Atlantic*, 16. Mai 2020, online verfügbar unter: https://www.theatlantic.com/ideas/archive/2020/05/surrendering-uncertainty/611446/ (letzter Abruf 28.03.2022)

Annie Lowrey, «Millennials Don't Stand a Chance«, in: *The Atlantic*, 12. April 2020, online verfügbar unter: https://www.

theatlantic.com/ideas/archive/2020/04/millennials-are-new-lost-generation/609832/ (letzter Abruf 28.03.2022)

Anne Helen Peterson, »How Millennials Became the Burnout Generation«, in: *Buzzfeed News*, 5. Januar 2019, online verfügbar unter: https://www.buzzfeednews.com/article/annehelenpetersen/millennials-burnout-generation-debt-work (letzter Abruf 28.03.2022)

Aja Romano, «What a woman-led incel support group can teach us about men and mental health«, in: *Vox*, 20. Juni 2018, online verfügbar unter: https://www.vox.com/2018/6/20/17314846/incel-support-group-therapy-black-pill-mental-health (letzter Abruf 28.03.2022)

S. Samuel (Host), D. Mathews (Host), (15. Juli 2020), »Muslim mystics on the power of pain«, in: *Future Perfect, Vox Media Podcast Network*, online verfügbar unter: https://www.vox.com/future-perfect/2020/7/15/21315120/rumi-sufism-muslim-pandemic-isolation-omid-safi (letzter Abruf 28.03.2022)

S. Samuel, D. Mathews (Host), (12. August 2020), »The benefits of contemplating death«, in: *Future Perfect, Vox Media Podcast Network*, online verfügbar unter: https://www.vox.com/21363483/mindfulness-of-death-mortality-meditation-nikki-mirghafori (letzter Abruf 28.03.2022)

Dank

Dieses Buch wurde im Land des Volkes der Wurundjeri geschrieben, die zu den Kulin People gehören. Ich möchte sie als die traditionellen Bewahrer anerkennen und ihren Ältesten in der Vergangenheit und Gegenwart meinen Respekt zollen sowie ihrer fortdauernden Kultur und dem Beitrag, den sie für die Stadt leisten, in der ich lebe. Die Arbeit und die Aktivitäten der Aborigines und der Torres-Strait-Insulaner haben viele der Themen dieses Projekts beeinflusst. Vor allem, wie wir unseren Platz in der Geschichte und unsere Verantwortung erkennen für diesen zerbrechlichen, schönen Planeten. Wenn Sie eine nicht-indigene Person sind und diese Zeilen lesen, möchte ich Sie ermutigen zu prüfen, wie Sie die Menschen der First Nations finanziell unterstützen können.

Meine formale Beschäftigung mit dem fröhlichen Nihilismus begann mit einem Artikel im *Guardian,* den ich unter der Betreuung durch Alyx Gorman schrieb. Ich werde ihr für immer dankbar sein für ihr Vertrauen in mich und die Idee zu diesem Artikel. Die Entwicklung des fröhlichen Nihilismus zu einem Buch wäre nicht möglich gewesen ohne meine

Dank

Agentin Rachel Mills, die mein Leben verändert hat (das ist, glaube ich, nicht übertrieben).

Der Großteil dieses Projekts entstand während der ständigen COVID-19-Lockdowns. Oft fühlte ich mich entsprechend, und die sanfte und umsichtige Führung meiner einzigartigen Lektorin Cindy Chan waren oft das Einzige, das mein ausfransendes Gehirn zusammenhielt.

Auch wenn meine Reise mit dem fröhlichen Nihilismus erst 2019 begann, war sie doch das Ergebnis des lebenslangen Engagements meiner Familie für Diskussionen, Debatten und Erkundungen. Ich kann mein Glück nicht fassen, Teil einer so brillanten Verwandtschaft zu sein. Ben, Margie, Tony, Gill, Dan, Dave, Katie, Mitch, ich liebe euch mehr, als ich ertragen kann.

Schließlich möchte ich (noch einmal) meinem Partner Ben und meiner Mutter Margie danken, die beide große Teile dieses Buches direkt inspiriert und unzählige Stunden damit verbracht haben, Ideen und Konzepte mit mir zu diskutieren – auch wenn sie nicht immer einer Meinung waren.

Unsere Leseempfehlung

160 Seiten
Auch als E-Book
erhältlich

Ob man nun bei Ikea verzweifelt, der erste Besuch der Schwiegereltern droht, man versetzt wird, mit einem pubertierenden Teenie unter einem Dach lebt oder es beim Feiern etwas übertrieben hat – Situationen, die einen aus dem Gleichgewicht bringen, gibt es genug. Doch wie übersteht man sie ohne Nervenzusammenbruch oder Weinkrampf? Ganz einfach – Rat suchen bei den größten Denkern der Geschichte: Was würde Kant auf eine Trennungs-SMS antworten? Wie würde Aristoteles mit einem Kater umgehen? Ist das Gras grüner bei Epikur? Endlich kommen die Philosophen raus aus den Bibliotheken und rein in den Alltag!

goldmann-verlag.de

Unsere Leseempfehlung

276 Seiten
Auch als E-Book
erhältlich

Wenn wir nur herausfänden, wer wir ›wirklich‹ sind, dann sei der Erfolg – im Beruflichen wie im Privaten – zum Greifen nah. Der bekannte Psychologe und Motivationstrainer Benjamin Hardy hat selbst erlebt, wie ihn die Suche nach seinem ›wahren Ich‹ blockiert und in der Vergangenheit festgehalten hat. Gestützt auf psychologische Forschungserkenntnisse dekonstruiert er das starre Konzept einer angeblich unveränderlichen Persönlichkeit und liefert leicht umsetzbare Strategien für den persönlichen Wandel. So können wir letztlich zu der Person zu werden, die wir tatsächlich sein wollen.

goldmann-verlag.de